監修 松為 信雄
Matsui Nobuo

編著 宇野 京子
Uno Kyouko

発達障害児者の
"働く"を
支える

保護者・専門家による
ライフ・キャリア支援

はじめに

　「大学病院で受診をしてください。エコーに写る影が、へその緒なのか腫瘍なのかがわからない。うちの病院では、母子の安全が保障できない」

　家族の転勤で移り住んだ島根県内の総合病院で、第二子（8か月）の定期健診の日、担当医からの一言でした。私は、金槌で頭を打たれるほどのショックで、文字通り、頭が真っ白になりました。四半世紀前のパソコンなど普及していない時代。私が知りたい情報に簡単にアクセスできるはずもなく、これから先に起こることがわからない恐怖と、どうやって子育てをすればよいのかなど見通しが立たないことの不安な気持ち、時が来たら事実に向き合うだけという想いとの間で、振り子のように揺れるなか出産当日を迎えました。

　帝王切開で生まれたわが子は、母親の腕に一度も抱かれることがないまま、生後7日目に仙骨部にあった腫瘍の切除手術を受けることになりました。手術の2か月後に退院、3歳の誕生日までは発達外来に定期通院を指示されました。その頃から、それまで気にも留めることのなかった「障害」という響きに敏感に反応するようになりました。ICUや新生児室には、わが子と同じように何かしらの理由があって入院している新生児たちがいて、小児科病棟や待合室には、私と同じように、表現しがたい不安を抱えているであろう親御さんたちが、子どもたちの数だけいるということに気づかされました。

　現在、私は、ハローワーク岡山の障害のある人の専門窓口（専門援助部門）で、精神障害者雇用トータルサポーター（企業支援）として働いています。これから障害者雇用に取り組もうとされる中小企業のコンサルティングや、働き方に迷う方のカウンセリングなど、さまざまな形での就労支援の活動をしています。

　親として、この四半世紀以上も前に経験したわが子の命や将来を案じた経験を、今も支援の現場やカウセリングの場面で思い出すことがあります。この人は幼少期からどのような進路をたどったのか。「個性」と「特性」との間で何度も揺れたのだろうか。仕事の体験はあるのか。働く時に優先したいことは何なのか、さまざまな角度からお話をうかがいます。その人の内面にある親御さ

んとの関係や、家庭や地域での役割、そして時には、これから始まる介護問題や、その先にある「親亡き後」を意識しての話し合いをしています。

　そんな中で多くの方が感じているのは漠然とした「見通しがもてない」ことによる不安です。就労支援の現場でも、自身の特性や対応策について「もっと早くに知りたかった」や、自分を理解している支援者との出会いに安堵した時に出てくる「出会えてよかった」というフレーズはよく聞きます。

　子育て真っ最中の保護者のみなさんには、子どもの「社会人になった姿」は漠然と気にはなっていても、今はそれどころではないと思うでしょう。でも、そのような若い保護者の方も見通しがもちたいために「もっと早く知りたかった」と言われるのです。子どもや大切な人のための就労について、本書を１日でも早くお届けしたいと思いました。さらに、キャリア教育をされる小・中学校の先生や、放課後等デイサービスや就労移行支援事業所の支援員、医療機関のデイケアスタッフ、そして、就労支援について学びたいと思っている学生にも読んでいただけたらと期待しています。

　本書では、就労支援は、「企業へ入職する」ためではなく、「働き続ける」ことと考えます。障害者雇用には、大きく分けて、一般就労と福祉的就労の２種類がありますが、本書では、一般就労は文字通り企業や公的機関などに就職して、労働契約を結んで働く形態です。それに対して、支援を受けながら働く、福祉サービス利用をしながら働くことを総じて福祉的就労と呼んでいます。支援者の役割は、障害や生きづらさを抱える人が働く中で感じる人間関係の悩みや、体調や加齢に伴う変化に応じて、よりよい働き方（生き方）ができるように伴走することだと考えています。また、狭義のワークキャリア（職業）にとどまらず、生きづらさを抱える子どもたちが学齢期から見通しをもって、主体的な人生選択ができるよう情報提供や具体的な話を届けたいと考えました。

　なお、本書のタイトルにある発達障害は、自閉スペクトラム症をASD、注意欠如・多動症をADHD、学習障害をLDという単語で語られています。また、「障害」についても、ひらがなを用いるなど、表現の仕方が混在しています。それは執筆者の人生観や支援の信条からの表現であることから、あえて修正を

していません。執筆者にも、それぞれの人生の彩りがあり、「今を生きている」ことに思いを馳せていただきたいのです。

　本編に入る前に、本書のベースとなるコンセプトをつくった2人の研究者を紹介しておきます。

　アメリカの研究者、ドナルド・E・スーパーが提唱した「ライフキャリアの虹」（図1）は、どこかで目にされているかもしれません。スーパーは「人生の段階」に注目し、本人の年齢と家族を含む周囲との関係に従って、個人の役割も変化していき、その各段階を通じて自己形成されていくプロセスこそが"キャリア発達"だと考えていました。本書でもこの考え方に基づき、乳幼児期から学童

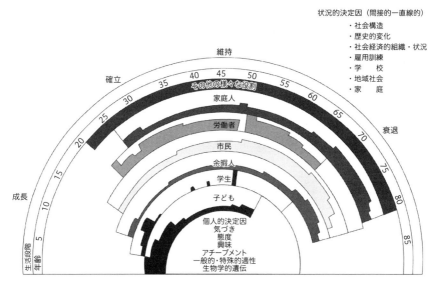

「22歳で大学を卒業し、すぐに就職。26歳で結婚して、27歳で1児の父親となる。47歳の時に1年間社外研修。57歳で両親を失い、67歳で退職。78歳の時妻を失い81歳で生涯を終えた。」D.E. スーパーはこのようなライフ・キャリアを概念図化した。

図1●ライフキャリアの虹（ある男のライフ・キャリア）

出典：文部省『中学校・高等学校進路指導資料第1分冊』1992年

期、思春期、青年期、さらには大人になってからの中途での診断を受けたケースや障害の向き合い方についての事例も紹介していきます。

　そして、近年、労働分野においても「ウェルビーイング（well-being）」という言葉が注目を集めています。これは「身体的・精神的・社会的に良好な状態にあること」を指す言葉です。日本における「幸福学（well-being study）」研究の第一人者、慶應義塾大学大学院教授の前野隆司氏は、「長続きする幸せ」の４つの因子を明らかにしています。人間が幸福に生きるための条件として、どうすれば幸せな生き方ができるのか、どのような時に幸せを感じるのかを研究をした結果です。それは、次の４つです。

> 1　「やってみよう！」因子（自己実現と成長）
> 2　「ありがとう！」因子（つながりと感謝）
> 3　「なんとかなる！」因子（前向きと楽観）
> 4　「ありのままに！」因子（独立と自分らしさ）です。

　就労支援においても、多くの支援者は支援内容を検討する際、「今できていること」「できそうなこと」を活かしていくことの重要さを知っています。それは、前野教授の「幸福学の４つの因子」と共通点が多いのです。特に４つ目の「ありのままに」（独立と自分らしさ）は、就労支援では、非常に重要な視点です。自己受容や自己理解とも通じていて、特性をもつ子どもたちが自分の得意なことや苦手さに気づき、対処法を獲得しながら成長していければ、その時々に応じた助言も得やすくなるかもしれません。「他者からの助言を得る力」は、障害の有無にかかわらず、孤立感や絶望感を脇にずらして、生きていく勇気を得て、心の安定を保つこと（＝心理的安全性）にもつながります。人は、悩みを抱えると、環境（人を含む）との総合作用の中で「課題」にフォーカスが当たりやすくなります。ともすれば、支援者側も「課題」にフォーカスして、課題を解決したくなりがちです。本書を通して、「自分なりの幸せのものさし」について考えていただき、幸せだと思える瞬間が少しでも増えることを願っています。

上記のような考えをベースにして、

第1章では、まず、人間にとっての「働き続けることの意味」を考えます。

第2章では、子どもの育ちに沿って、「働く」の視点でライフステージごとの多職種による実践事例を紹介します。

第3章は、読者の半歩前を歩んできた当事者、保護者の「歩み」と「今とこれから」。そして、地域社会への働きかけ、また、支援者自身の生き方について語ります。

第4章では、近年話題になっている「就労アセスメント」について紹介します。アセスメントの目的や結果を、ぜひ、ご自身（お子さん）の人生選択の羅針盤にしていただくことを願っています。

2015年9月の国連サミットで、2030年までに持続可能で、よりよい世界を目指すための国際目標SDGs（持続可能な開発目標）達成の一環として、人々の多様性を受け入れる社会の実現が求められました。「ダイバーシティの実現」は、国や自治体だけの課題ではなく身近にある課題です。また、2022年に国連障害者権利委員会から日本政府に対し、障害のある子とない子が共に学ぶ、インクルーシブ教育の推進を求める勧告が出されました。2030年代の社会を考えるとソーシャルインクルージョンは教育分野にとどまらず、利益優先になりがちな労働分野においても積極的に取り組んでいかなければならない課題です。

本書を手にしてくだった方のお立場や関心のある障害、お住まいの地域によって異なる事情もあると思います。子育てや支援に悩み立ち止まったとき、ページをめくっていただくことを期待しています。そして、皆さんが身近にある支援機関や、キャリア教育、就労支援に携わる多くの仲間（支援者）とつながる、そのための一助になれば幸いです。

2023年9月

編者・執筆者を代表して　宇野京子
（一般社団法人職業リハビリテーション協会　理事）

●ライフキャリア支援に関わる社会資源

　ライフキャリアとは、仕事に囚われず、趣味・遊びや家庭、地域活動などすべての活動を包括するキャリア形成を指します。人生は仕事だけでなく、趣味などの余暇活動や家庭、すべてが合わさって形成されます。サニー・S・ハンセン氏は、著書「統合的人生設計（Integrative Life Planning ）」で、ライフキャリアには4つのL（役割）があると述べています。労働（Labor）、学習（Learning）、余暇（Leisure）、愛（Love）です。労働とは、この本のテーマでもある「働くこと＝仕事」を指します。学習とは「教育」、余暇は遊び・趣味「社会活動」、そして愛は「家庭や子育て」・「介護」を指しています。この4つのどれが欠けても成り立たず、心地のいいバランスに保つよう意識することが重要だとされています。人は、ライフキャリアの虹（P5図1）のように、人生の段階において役割や人との関わりの中で、必要となる支援の領域も変化していきます。どのような社会資源（専門機関・専門家等）があるのか全体像をわかりやすく図（P10図2）にまとめました。社会資源は5つ（教育・医療・保健・福祉・労働）の領域に区分しています。本書にも豊富な知識と実践知をもったさまざまな領域の専門家たちが登場します。当事者を中心に、学校の先生、就労支援の研究者、作業療法士を含むコメディカルスタッフ、産業カウンセラー、ジョブコーチ、キャリアコンサルタントなど、そして保護者も支援者の大切な一人として位置づけています。

　キャリアを支援する専門職として、ここではキャリアコンサルタントとジョブコーチの専門領域について簡単にご紹介します。キャリアコンサルタントは、5つの領域のうち教育・労働領域において、学生や求職者、労働者、企業からの相談や助言を行い「働くことを通して人生をいかに生きるか」を支援する専門家です。平成28年4月から職業能力開発促進法に規定された国家資格者です。

　ジョブコーチの正式名称は職場適応援助者と言いますが、障害のある人たちの労働領域において対象者の障害特性を踏まえて、対象者と企業の双方に対し

職場定着や雇用ノウハウを提供して支援を行います。

　本書では、執筆者がどの年代や職域の人たちをイメージしているのか、ライフキャリアの現状や今後に向けて確認していただきやすいよう、ライフキャリア支援に関わる社会資源の図の大まかな位置に、本書のPartとページを表示しています。

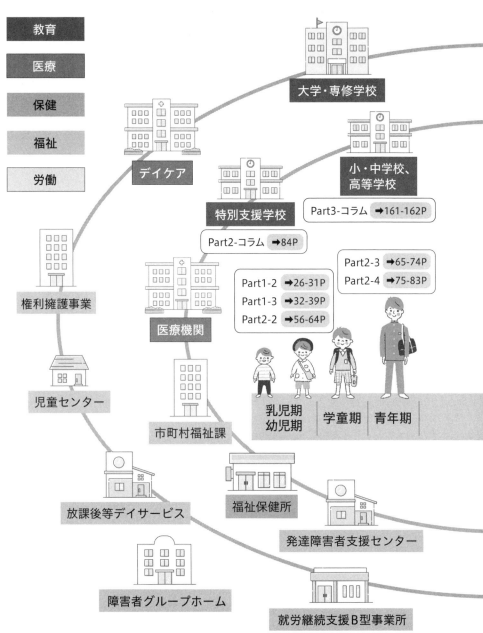

Part3-コラム →161-162P

Part2-コラム →84P

Part2-3 →65-74P
Part2-4 →75-83P

Part1-2 →26-31P
Part1-3 →32-39P
Part2-2 →56-64P

教育

医療

保健

福祉

労働

大学・専修学校

小・中学校、
高等学校

デイケア

特別支援学校

権利擁護事業

医療機関

児童センター

市町村福祉課

乳児期
幼児期　学童期　青年期

放課後等デイサービス

福祉保健所

発達障害者支援センター

障害者グループホーム

就労継続支援B型事業所

図2 ●ライフキャリア支援に関わる社会資源

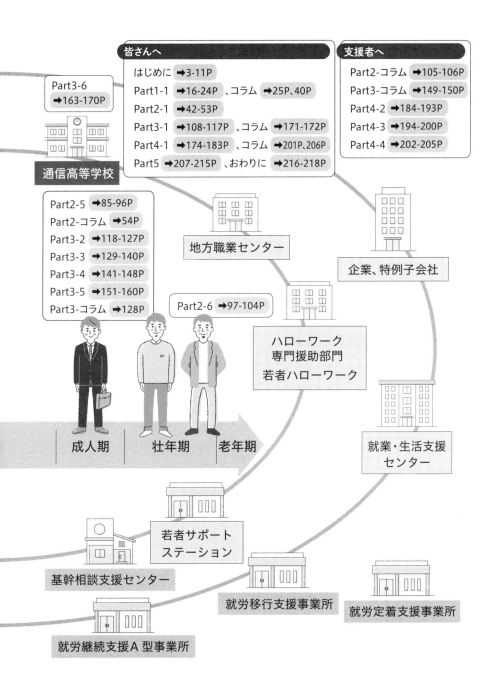

Part3-6
➡163-170P

通信高等学校

皆さんへ

はじめに ➡3-11P
Part1-1 ➡16-24P 、コラム ➡25P、40P
Part2-1 ➡42-53P
Part3-1 ➡108-117P 、コラム ➡171-172P
Part4-1 ➡174-183P 、コラム ➡201P、206P
Part5 ➡207-215P 、おわりに ➡216-218P

支援者へ

Part2-コラム ➡105-106P
Part3-コラム ➡149-150P
Part4-2 ➡184-193P
Part4-3 ➡194-200P
Part4-4 ➡202-205P

Part2-5 ➡85-96P
Part2-コラム ➡54P
Part3-2 ➡118-127P
Part3-3 ➡129-140P
Part3-4 ➡141-148P
Part3-5 ➡151-160P
Part3-コラム ➡128P

地方職業センター

企業、特例子会社

Part2-6 ➡97-104P

ハローワーク
専門援助部門
若者ハローワーク

就業・生活支援
センター

成人期　　壮年期　　老年期

若者サポート
ステーション

基幹相談支援センター

就労移行支援事業所　就労定着支援事業所

就労継続支援A型事業所

Contents

Part3　障害のある人たちとの関わりから伝えたいこと 107

Part 1
「働く」ということ

1 人はなぜ働くのでしょうか

濱畑法生

1 「働く」ということ

　今日は祝日ですが、私は出勤して仕事をしています。作業療法士という仕事に就いてから、現場にいた時はシフト制なので土日祝日でも仕事がありました。もちろんその代わりに、平日に休みがあります。3年ほど前に新型コロナウイルスの影響で社会全体の活動が低下した時は、まったく仕事のない期間がありました。そうすると、休日という意識が低下したことを経験しました。休日というのは、何かすることがある日が満たされているから存在するのだということがよくわかりました。

　私は学校を出てからずっと働いているのですが、なぜ働いているのでしょうか?

　そもそも仕事とは何でしょうか?　なぜ人は働くことを求められるのでしょうか?　そして、なぜ仕事をしたいと思うのでしょうか?

　ここでは、まず働くということの意味を解説していきます。

　働くと聞くと、まずお金を稼いで生活費などに充てるということが真っ先に浮かんでくると思います。でも実は、それ以外にも働くことには以下のような多くの意味があります。この章では、これらの視点から「働く」ということについて考えていきましょう。

① 脳の組織化	④ 自己効力感を感じる
② 運動による呼吸器や循環器の機能維持	⑤ 社会の中での役割、連帯
③ 自分の居場所をつくる	⑥ 社会生活を営む上での経済的な安定

2 　脳の組織化

　脳は、生まれる前の胎児の頃から発達をしています。「発達」と似た言葉に「成長」というものがありますが、これは量的に大きくなることを指し、「発達」は機能的に向上することを言います。そのため歳を重ねれば勝手に発達してくれるというわけではなく、脳が発達するためには、その時々に適切な刺激が必要になります。

　脳に刺激を入れると言いましたが、普通は直接脳に刺激を入れることはできません。薬物で刺激することはありますが、あくまで病気の時などに限られます。そうすると、人はどうやって脳に刺激を入れるかというと、運動など身体を使うことや、人と話をしたり、何かを考えることによって刺激を入れることになります。運動すると、筋が活動し、その刺激が神経を活性化させ、脳に情報を与えます。脳はそれに対してまた筋を動かそうとするので、それが運動を循環させます。

　運動は、目的がなく行うこともありますが、ほとんどの場合は、何か意図があって行います。それを「活動」と呼びます。活動をすると、脳の中で、この動きをする場合は、こうやって動かすとうまくいくんだという熟練さができてきます。活動がうまくなると、脳の中で刺激が一定のパターンを示し、もっともっとうまく、速くやろうとするようになります。

　この過程を「脳の組織化」と呼びます。あることをうまくやるためには、脳が刺激を受けて組織化していくことが求められます。そうやって脳が発達していくのです。

　そのため、起きている間は何かをしている状態を保つことが、脳にとって必要な刺激になり、脳の発達を促すことになります。

3 　運動による呼吸器や循環器の機能維持

　先ほど運動などによって脳が刺激を受けるとお話ししましたが、運動が刺激

を与えるのは脳だけではありません。人が生きていくためには、からだの中で
さまざまな器官が動いています。なかでも重要なものは呼吸器と循環器です。

　呼吸器は、言葉のとおり呼吸に関する器官です。人が生きていくためには、
常に呼吸をして空気中から酸素を取り入れなければなりません。息を吸って取
り入れられた酸素は、血液中に溶け込んで脳に運ばれます。脳が活動するため
には大量の酸素を必要とします。そのため呼吸が弱くなると、脳に酸素を供給
できず活動が鈍ることになります。前の項で、脳が活動すると運動が行われる
と説明しました。運動が行われるということは、活動量が上がることになり、
それは人が何かをしていることを表します。逆に考えれば、仕事のように常に
活動をしないと、呼吸機能が低下し、病気になる可能性が高くなっていきます。

　同様に、循環器とは血液の巡りを絶えず行う器官です。血液の役割は先ほど
説明しましたが、これが滞るようになると脳の働きに影響を与えます。血液を
脳などの器官に送る役目をしているのは、主に心臓ですが、それと同じくらい
重要なものが筋です。運動をすると、筋が伸び縮みして収縮します。この時、
近くを走っている血管を圧迫します。この圧迫を繰り返すことによって、血管
がポンプの役目をします。特に、心臓は身体全体から見ると上のほうにあるた
め、下のほうにある脚の筋には血液を心臓へ送り返す重要な役目があります。
そのため、健康を維持するには歩くことが良いとされているのです。歩くこと
だけではなく、家事や仕事をする時には自然に何歩か移動していますよね。事
務仕事が多い場合でも、休憩の合間に脚を使うこと、あるいはマッサージなど
をするとよいと言われています。

　人の身体は動くことが前提でつくられています。寝ている時でも、身体の器
官はどこかが動いています。動くことで身体のメンテナンスをしています。ま
た脳は１日に１回、リセットをかけることで疲労を減らします。これが眠るこ
との意味です。睡眠をしっかり摂るためには、起きている間に適度な運動があ
るとよいと思います。日中活動するということは、その時の年代で求められる
ことは違いますが、幼児なら遊び、就学後は学校へ行く、そして学校を卒業し
た後は仕事をするのが一般的になっていくのです。何らかの事情で身体を動か

すことがしにくい場合は、それを補うことが必要となります。

4 自分の居場所をつくる

　学校に在学している間は、程度の差こそあれ自分の居場所がありました。義務教育はもちろん、中等教育でも高等学校には98.8%（令和2年・文部科学省「学校基本調査」）が進学しますし、高等教育である大学や専門学校でも71.1%（同）の人が進学しています。本来の学校教育の目的は、知識を得ることはもちろんなのですが、社会の中で（学校も小さな社会です）自分の居場所と役割を見出すことにもあると思います。

　学校を卒業した後はどうでしょうか？　そのまま家に戻るという選択をする人は、何らかの事情がない限りほとんどいないでしょう。今まで学んだ知識や技術を使って、新たな自分の居場所と役割を見つけることを求める人がほとんどだと思います。

　それが、仕事をすることの大きな意味です。毎年時期が来ると、ニュースでも今年の就職状況はという話が流れてきます。就職はその時々の経済状況で変化します。社会の経済状況が悪化すれば、就職できる人も、どんな仕事に就けるかという選択肢も狭くなります。また、近年では、ロボットなどの機械化やAIなどが単純作業を担うことが増えてきています。そうすると、仕事ができる場が減りますので、働く機会を失うことにつながります。また、ロボットやAIが生まれたことで起こった仕事もあると思います。いずれにしても今ある社会の仕事の大部分は、一人で行えるものではなく、多くの人が協力して行うものが多いです。ですので、そこに自分の居場所が生まれます。

　もちろん家の中に働く場所があれば、それでも構いません。しかし、多くの一般家庭では、親も外で働くことが多いでしょうし、そうなると家の中に人がおらず、誰かと一緒に何かするということも難しくなります。一人で過ごす時間が長いと、あまり身体や言葉を使いません。そうすると、今までの説明のように、脳や身体を刺激する機会が減るわけですから、あまりいい状態になりま

せん。

　義務教育等が終わった後にも自分の居場所がどこかにあって、そこに集まる誰かと何かを一緒にすることができれば、身体の機能も維持しやすいですし、楽しみも感じられます。ここで言う「仕事」は、何も金銭的な対価を得ることだけが目標ではありません。そういう場所があることの大切さを理解することが、その人の健康状態を維持し高めることにつながります。

5　自己効力感を感じる

　よく「自分らしさ」「あなたらしさ」を大切にする、ということが言われますが、「自分らしさ」とは、いったい何でしょうか？　また、自分と他人は、何がどう違うのでしょうか。

　ちょっと難しい話になるかもしれませんが、「自分」を理解するためには「他人」が絶対に必要になります。もし友達の家に遊びに行くことがあれば、その時にいろんなことを自分の家と比べたりしませんか。そして、自分の家では当たり前にやっていることなのだから、よその家でも当たり前にやっているはずだ、と思い込んでいたことがわかることがありませんか。これは、旅行に行っても、特に海外旅行に行くととても感じることが多いと思います。そして、ああやっぱりわが家（日本）はいいなあ、としみじみ感じた体験は、多くの人が経験しているのではないでしょうか。

　そのように、自分を外の視点から見つめ直すことができると、人は自分のいいところも悪いところも客観的に見ることができます。その視点があって、人は初めて自分のことが正しいとか、誤っているということを判断できるようになります。そして、自分はこうありたい、他人と同じようにしたい部分もあれば、これは自分の考えでいいんだ、などという自己理解を進めていきます。そこから「自我」と呼ばれるものを発達させていきます。前項でもお話ししましたが、人は一人では生きていけません。他人の中で一緒に生きていくことが、身体や脳の発達ということからも必要になります。そうすると、他人の中で自

分はどう振る舞うとよいのだろうかという疑問が出てきます。他人と協力し合うと言っても、何をどうすれば協力できたということになるのか、なかなか答えは難しいですね。

　協力するということは、他人とうまくやることが求められますが、何でも他人の要求を飲んで言われたまま行動すればそれでよいかと言われると、それは違うと思います。そんなことを続けていたら疲れてしまって、せっかく見つけた自分の居場所にもう行きたくなくなります。その中では、他人とバランスのある関係性が必要になります。何がバランスのよい関係性なのかというのは、その場のメンバーや活動内容で違いがあります。短い期間ではその関係性をうまくつくれないことがあるでしょう。ですので、自分からもその場のメンバーに働きかけることが必要になります。

　他人が自分を認めてくれている大きな証拠は、自分がやったことをほめられることです。この時、人は自分が自分の力を発揮して「できた」、と感じることができます。これを「自己効力感」と呼びます。自分のやったことを他人がほめてくれるということは、自分にはみんなの期待に応える力があるのだということを感じられる機会になります。これをたくさん積み重ねることで、自分の力をバランスよく感じることができます。自分はこれをうまくやることができる、という自分に対する信頼を感じることができます。

　逆に、この「自己効力感」が低いと、何をやっても自分はダメだと思ってしまい、人前では何かをしたくなくなっていきます。時にはうまくいくことがあって他人からほめられても、どうせ自分にはそんな力はないのだから、周りのみんなはあわれんでほめてくれているだけだ、などと否定的に自分を捉えてしまいます。そうすると、メンバーとの信頼関係が悪くなり、そうしたことが続くとその場所に来なくなったり一人になろうとしたりします。人が一人になりたいという時は、自分に自信がなくなって傷ついていることが多いでしょう。ですので、この「自己効力感」を適切に維持するためにも、他人と一緒に何かをやる場所があって、適切な関係性の中で自分を認めてくれる人がいて、そして、自分も他人を認めることができる場所が必要なのです。

　前項で、自分が他人に認められる、自分が何かを成し遂げる力をもっていると感じることが大切だとお話ししました。それは言い換えると、自分にはその集団の中に役割があるということになります。人は小さい時から、社会の中で生きていくためには何らかの役割を果たすことが重要であると学んできています。学校でも集団活動である運動会や部活動などの行事に取り組んだり、日々の勉強の中でもグループ学習を行ったりすることで、社会の中で求められる能力を練習する機会が多くあります。

　役割は、うまく使えば他人とのつながりを感じることのできる考え方です。運動会や部活動のような集団活動は、それを感じて体験できるいい機会です。何度も、人は一人では生きていけないとお話ししましたが、他人とのつながりを感じられる経験は、自分がここにいていいんだという安心感を生みます。そういう経験を重ねることで安心感がもてるからこそ、次の目標に挑戦しようという気持ちも生まれてきます。

　役割という考えは、自分がどう考えるかという自覚にかかっています。時折、自分は誰の世話にもならないでここまで頑張ってきたと話す人がいます。確かに、ここまでやってきたことは本人の努力の賜物です。その努力に対しては敬意を払わざるを得ません。しかし、本当にその人は、他人と無関係で今までやってこられたのでしょうか？　もう少し視点を広げればわかることですが、それまでその人が食べてきたものや、着ている服もすべて、他人がつくったものです。それを使ってここまでやってきたと考えると、まったく他人と関わってこなかったという考えは、誤りであると考えることになります。これは、その人がどう考えるか、ということに起因することなので、どう自覚しているかという話になります。その自覚の幅を広げるのも、今まで自分が何を経験してきたかということに影響されます。自覚がなければ、他人から言われるままやらされている役割ですから、それは自分にとってあまり意味のある経験にはなりません。

このように、他人との良好な関係性を維持するためにも、他人と一緒に活動する場面が必要になります。その場面として、「仕事」をするということは重要な場であるということが言えます。

7 社会生活を営む上での経済的な安定

最後に、みなさんが「仕事」と聞いて最初に思い浮かべる経済的なことについて話をします。

多くの人は青年期に入ると家族から独立して自立した生活を送るようになります。ヒナ鳥がいつかは自分でエサを取ることができるように親鳥はエサの取り方を教えます。もちろんそれぞれの事情で違いますが、人も自然界を生き抜くための知恵と技術を学んで社会に巣立っていきます。生活するためには、お金がかかります。住む家も食べ物も着る服も、すべて誰かが仕事をした結果ですから、その対価としての代金を支払うことが求められます。そうすると代金の支払いの分担をどうするのかということが問題になります。自立ということは、できるだけ自分がその費用を払うことができるようになるということと考えられます。

人の場合、ヒナ鳥でいうところのエサの取り方というのは、お金の稼ぎ方ということになるのではないでしょうか。人がお金を得る方法はいろいろあると思いますが、多くの人は仕事をして、その労働の対価として賃金を得ます。賃金の高い低いなど条件は人によってさまざまですが、働くということがここでも重要になります。

8 働くということは、人の健康にも寄与する

「人はなぜ働くのでしょうか」という質問に対して、身体の状態から人との関係性まで、いろいろな角度から答えを考えてきました。働くという活動は、人の活動の中でも重要な位置づけにあります。それは、今まで説明してきたよ

うに、いろいろな意味で人が生きていく上で必要な活動だからです。日本国憲法が第25条で示している「健康で文化的な最低限度の生活」を送るためには、働くことがとても重要な活動であり、第27条では勤労の権利と義務を述べています。

　病気や障害があることで思うように働くことができないということもあります。しかし今では、その人の状況に応じて仕事の内容をマッチングさせ、働く方法や技術をその人に合わせて支援することで、可能になってきていることも増えています。そうした支援を適切に用いることで、今まで説明してきた働くことの有用性を理解し、多くの人が健康的な生活を送ることができるでしょう。働くということは、そうした人の健康にも寄与することができる活動なのです。

（東京福祉専門学校作業療法士科・作業療法士）

大切にしたいキャリアアンカー
すべての人が幸せに働くために

宇野京子

キャリアアンカーとは、マサチューセッツ工科大学名誉教授のエドガー・H・シャインによって提唱されたキャリア理論の概念です。「どんな仕事がしたいのか（動機）」「自分は何が得意なのか（コアコンピタンス）」「何に価値を感じるのか（価値観）」。これらはキャリアを判断する上で重要な問いであり、この3つが重なる部分がキャリアアンカーと言われています。

個人が自らのキャリアや働き方を選択する際、またなるべく早いタイミングでこの軸を理解しておくことは、満足度の高い働き方を選択する上で有利になると言われています。

2040年には、日本の人口は約1億1000万人となり、働き手がますます減少すると推計されています。2018年4月施行の改正社会福祉法においては、2040年を展望し、高齢期のケアを念頭においた地域包括ケアシステムの考え方を、障害のある人や子どもなどへの支援、複合的な課題にも広げた「地域共生社会」へのシフトが明示されました。これまでの就労支援は、就職を目指す、または離職しないことが目的となりがちでした。しかし今後は、障害者雇用枠で働きながらキャリアアップを目指す人に対して、非正規雇用から正社員登用へのタイミングでの支援や、前向きな転職を視野に入れた職業生活の再設計や、人生設計を共に検討していく時代になってくるものと考えています。これは同時に、障害のある人や特性により生きづらさを感じている人の健康や幸福感を意識することでもあると思います。

障害の有無にかかわらず自己実現できることでウェルビーイングが増進されれば、SDGsの目標3「すべての人に健康と福祉を」、目標8「働きがいのある人間らしい仕事」が大切とするディーセント・ワーク（働きがいのある人間らしい仕事）の実現に近づくと信じています。キャリアというと障害者は関係ないと思われがちですが、当然ながら障害のある人にも譲れない価値観があるはずです。ライフキャリアを意識し、健康に働く環境を検討することはとても大切です。そして、就労支援に携わる私たち自身のキャリアアンカーは何か、支援者として時代や制度の変化に対応できる新しい学びを取り込んでいくことでモチベーションを維持し、パフォーマンスの向上につながるよう意識したいものです。

（一般社団法人職業リハビリテーション協会　理事）

2 家族で取り組める「働く力」

小林隆司

　職場や社会で働く際に基礎となる技能で、子どもの頃から身につけておきたいものを3つだけ紹介していきたいと思います。それは、①挨拶ができる、②遅刻をしない、③一定時間活動できるです。なお、技能（スキル）としたのは、能力や性格といった固定的なものや内面からにじみ出てくるものには踏み込まないということです。例えば挨拶といえば、今回は、相手を敬うとかの心持ちはさておき、適切なタイミングで適切な言葉が出せるかに焦点を絞るということです。

① 挨拶ができる

　人間は、とてもひ弱な存在であるため、スイミーのように集団で行動する技能を高める必要がありました。そこで、太古の昔から、人間は声をかけ合って生活してきたのだと思います。特に出会ったときには、仲間である証に、相手の労をねぎらい、敵意がないことを示してきました。例えば、「おはようございます」という挨拶は、準備のために早く来た人をねぎらう「お早いおつきでございます」から転じたとも言われます。また、頭を下げるのは、急所である首をみせて敵意のないところを示しているとも言われます。

　挨拶にこのような働きがあるとすると、逆にそれをしないということは、大きな争いに発展することもあったと思います。私はシカゴに住んだことがあります。最初、青信号の横断歩道を、日本にいるときと同じように悠然と渡っていました。そうすると何度も、車にひかれそうになったりおどかされたりしました。アメリカでは赤信号でも車が右折できるという事情もありますが、他の人を見て、私にはアイコンタクトを取って手を挙げて挨拶をするという交差点

での行為が足りていなかったことがわかりました。それ以降、積極的に交差点で挨拶をするようにしていたら、交差点で車に突っ込まれることはなくなりました。おかげで今では、日本でも交差点では、しっかり車の運転手とアイコンタクトをとって、手を挙げて挨拶をするようになりました。

　ところで、上記のように人の振り見てわが振り直すことを観察学習などと言います。まねる⇒まねび⇒学びとなっていったという説もあるほど、まねるということは学習の基本です。子どもは大人の言うことは聞かないけど、大人の行動はよくまねるとも言います。つまり、挨拶の学習には、周りの大人の行動が極めて重要なのです。まず大人が、気持ちよく挨拶できる関係や環境をつくっていくことをおすすめします。

　なお、その時の一つのコツですが、挨拶は何度してもいいことにするといいでしょう。というのは、1日に何回か会うような場合、少し前に会ったかどうかと考えている間に挨拶のタイミングを失ってしまうということがよくあるからです。挨拶を何度しても、挨拶しないよりはいいので、「さっきしたよ」なんて注意しないようにしましょう。

　挨拶は人間関係の第一歩と言われます。挨拶ができるようになると、自然に、同僚や先輩からの声かけに返事を返すこともできるようになってくると思います。また、こういった簡単なやりとりは、就労に必要な報告・連絡・相談（ほうれんそう）ができるといった複雑なコミュニケーションの萌芽になっています。心持ちには触れないと最初に断っておきながらなんですが、日本では礼節に従うことは道徳的な修練にもなると言われます。挨拶を通じて、同僚やお客様のことを思いやる気持ちも育むことができるかもしれません。

> ➡ 挨拶は、いつでもどこでも何度でも

❷　遅刻をしない

　職場に遅刻をすることは、周囲に多大な迷惑をかけることになります。朝の

ミーティングに遅れれば、だれかが遅刻者に説明を繰り返さないといけなくなります。仕事の割り振りが決まっていたら、それを組み直す手間が必要です。そして、遅刻者の仕事を誰かがカバーし、いつもよりその人の負担が大きくなります。そして、無断で遅刻した場合には状況はさらに悪くなります。

　これは私が体験したことですが、ある職場で実習中の学生が始業時間になっても来ないという連絡が、その職場の指導者から私にありました。そして、その学生とは音信不通というのです。こういった場合、関係者は最悪の状況を想定して動くことになります。

　まず私は、学生に再度電話をして、連絡がとれないことを確認し、保護者にその旨を連絡するとともに、大急ぎで学生の下宿に向かいました。そして玄関をノックしましたが、中にいる気配がなかったので、鍵を開けていただくように、管理会社に連絡をしました。管理会社が、必要な手続きとして警察に同行をお願いしたため、ほどなくして、私と、鍵を持った管理会社の人、警察官が下宿の前に集まることになりました。そして、覚悟を決めて鍵を開けていただこうとしたその時、実習生の職場から電話がかかってきました。

　それによると、学生は通勤途中で自転車が壊れたため、自転車屋さんに寄って自転車を修理していて遅くなったということでした。学生は現在職場にいて、とても元気とのことでした。私は管理会社の人や警察官に頭を下げた後、学生のもとに行き、今回のような場合に連絡をしないと大変になることを説明するとともに、どうしたらよかったかを言ってもらい、その内容を忘れないようにメモに書かせました。

　上記は大人の一時的なトラブルによる遅刻でしたが、子どもで遅刻が何度も繰り返される場合は、どうしたらいいでしょうか？　そういった場合は、まず、1日の時間の使い方を見直します。その上で、余裕をもって、学校等に着けるように、朝の準備などに時間の関所をもうけていきます（例えば、7時までに洗顔）。順次時間をさかのぼっていくと、夜ふかしして早寝早起きができていないところにいきつくことも少なくありません。こうして設定した時間の関所を、スケジュール表にして、掲示しておくと、いつでも見直すことができ、見

通しをもって朝の準備ができるようになるかもしれません。

　このような方法を視覚的支援と言います。書かれたものは、言葉と違ってすぐには消えてしまわないので、記憶の保持と情報処理を容易にします。前段の学生の例で、メモを取らせたのもそういった効果をねらったものです。

　集合時間に遅刻をしないことは、時間管理の第一歩です。就労すると、時間単位ですることが決まっていたり、作業の納期が決められていたりすることが普通です。時間厳守で動けないと、同僚やお客さんに迷惑をかけてしまうかもしれません。また、遅刻をしないということは、余裕をもって家を出られるようになるということで、自力で通勤できる可能性を広げます。いつもギリギリだったら、親が送迎するしかありません。

> **余裕をもって行動、それでも遅刻しそうなときは必ず連絡**

3　一定時間活動できる

　短時間就労が認められる流れにありますが、そうであっても、決められた時間だけ活動できる体力と持続力が就労には求められます。そして就労できる時間が延びれば、給料も多くなります。逆に仕事時間中に居眠りばかりしていたり、頻回に休憩したりしているようでは、仕事の継続は難しいかもしれません。

　最近、小学校の授業等をのぞいてみて感じるのは、重力に負けている子どもの多さです。頬杖をついて頭を支えながら授業を聞いているのはまだましで、机にうつ伏して、板書をノートに写している児童も少なくありません。また、給食を食べるときに、体幹が弱いために両肘を机につけたまま先割れスプーンなどで料理をすくい、スプーンに口を近づけるようにして食べている児童もいます。こういった児童の中には、放課後になると体力を使い果たしていて、放課後児童クラブや放課後等デイサービスでずっと横になっている子もいます。

　一定時間、取り組む耐久力や集中力を子どもは遊びの中で育てます。遊びに夢中になって、いつの間にか時間が経過していたという経験はないでしょう

か？　そんな楽しくて没頭するような体験のことをチクセントミハイという人は、フローと呼びました。フローが生じる条件として重要なのは、自分の技術と遊びの難易度が釣り合っていることです。遊びが簡単すぎたら退屈だし、難しすぎても面白くないのです。

　このことから、何かに取り組む時間を延ばしていきたい場合は、遊びの難易度をうまく調整するといいと思います。ブロックであれば、今より少し大きな作品に挑戦するとか、輪投げであれば簡単にできる距離から少し離れてみるとかです。なお、勝ち負けにこだわり、感情が爆発してしまう子どもは少なくありません。そのような遊びを子どもとする場合、大人が手加減せずに一生懸命にやって負けるということが大切です。輪投げであれば、大人は遠い距離から非利き手で投げるとかです。グループで対抗する場合は、大人がその中に入って、負けの責任を一身に担うようにしたらいいと思います。

　遊びに集中して取り組める体験は、仕事に一定時間、取り組める力の基礎になります。マーク・トウェインの『トム・ソーヤの冒険』に、トムが、長い塀のペンキ塗りをいたずらの罰としてやらされるが、誰も手伝ってくれないという場面があります。しかし、トムがペンキ塗りをいかにも楽しそうにやり始めると、それを見た友達が寄ってきて、面白そうだからやらせてもらえないかと頼まれるようになり、トムは、まんまと仕事をすべて友達にやらせてしまいます。トムの動機はどうかと思いますが、同じように、大人が楽しみながら仕事をしていると、子どもたちにそれが伝わって、日常のさまざまなことが、耐久力や集中力を育てる機会になるかもしれません。

　　　　　　　　　　　　　　　⮕ 楽しみながら取り組む時間を延ばそう

4　ちゃぶ台返し

　ここまで、働くために必要となってくる技能について述べてきました。障害の程度によっては、前述のような技能の習得が難しい場合もあるでしょう。そ

うするとそのような人は、働くことができないのでしょうか？　私はそうは考えていません。仕事を社会で果たす役割（ライフロール）の一つと捉えることで、違った考えができるようになります。

　作業療法士のハラス・デ・パブロは、重度障害のある人の社会参加について、ある職種の行う役割の一つでもできたら社会参加と言えるのではとまず考えました。例えば、ウエイトレスであれば、会計時のお金のやりとりだけでもできたら社会での役割をはたしていると考えられるというのです。さらに彼女は、その役割の工程の一部分でもできたら、これも社会参加だと言いました。先ほどの例でいえば、お金のやりとりはできなくても最後の「ありがとうございました」だけ言えたら役割を遂行したことになるというわけです（遠隔操作できる分身ロボットOriHimeを使って重度障害のある人がお客さんとコミュニケーションをとっている姿をみるとまさに社会参加だと思います）。

　彼女はそのようにして考えていくと、最後は「生きられた身体」にいきつくと言いました。簡単にいうと生きているだけで、何らかの役割をこなしているということです。働く技能を少しずつ育てていくことは重要ですが、それができないからといって焦る必要はありません。生きていることが何にもまして意味のあることだからです。

⊃ **生きることこそが役割**
（兵庫医科大学リハビリテーション学部作業療法学科　教授・作業療法士）

3 学齢期から始める就労支援

二ノ宮あきひろ

いつの世も人が生きる過程で、ある一定の年齢になると"働く"ことを求められ、その本人自身もそうしなくてはと考えるようになります。そして周りを見渡し、実際に"働く"を実践している先人らからその方法を見聞きし、真似をして自分なりの"働く"を手に入れていきます。その多くの場合、雇用関係を結ぶことをもって就労したとなりますので、"働く"は就労することだと言われることが多いでしょう。

では一つの到達目標であるこの就労はどのような準備をすればスムーズに到達することができるのでしょうか。このあたりのことをみなさんと一緒に考えていけたらと思います。

1 社会経済の仕組み

① 社会経済の仕組みを知る

就労を考える前に、社会経済の仕組みを知ることが重要であると思います。時代は目まぐるしいスピードで変化しています。新しい働き方や可能性も確かに生まれています。しかし人が働く上での基礎構造はあまり大きく変化はしていません。社会経済の基礎的構造とは、「必要とする人」「作る人」「届ける人」の三つ巴構造です。

あまり単純化して解説すると誤解を招く恐れがありますが（図1参照）、この三者間には流動的な価値が存在し、お金を媒体として交換が行われます。この三者間にある流動的な価値は作る人と届ける人がどのようにどれだけ働いたかによって決まります。もちろん実際は、この三者の規模は大きなもので、その単位は個人から会社、団体とまで大きくなります。よって実際的に多くの人

が働いているし、働き手が必要になるので就労を目指すことができるのです。

　ここで忘れてはならないのが、作る人と届ける人は利益を得ているということです。当たり前に聞こえますが、これが働く側の課題につながる超重要なポイントです。前述したように三者の間には流動的な価値が存在しお金を媒体として交換をしていますが、それは等価交換ではありません。作る人であれば、原料を仕入れ、加工する機械などの燃料や電気を使い、機械を動かす人や直接手作業をする人などを働き手として雇うこととなります。そして、それぞれにかかった費用（経費）が、そのものを作り出す上での原価となります。この原価に利益を乗せて流通されるわけです。

　届ける人でも同様です。作る人から原価＋利益で仕入れて、届けるための場所の管理費や輸送費、燃料、実際に届ける働き手などの費用（経費）に加え、届ける人らの利益を入れた価格で流通させます。前記で説明した働き手には労働の対価が支払われます。これが雇用契約です。そして、働き手への対価のことを人件費と言います。これらが社会経済の基本的な仕組みであり、就労を考える上で実は知っておかなければならない前提となります。

　その上で、さらに知っておかなければならないのは、流通する物やサービスはより安く、より簡単にという必要とする人からの要望に答える形になりますので、作る人と届ける人は、販売価格（原価＋利益）を下げる努力をします。

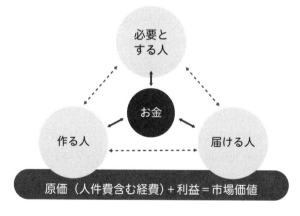

図1 ●社会経済の三つ巴

しかし、なるべく利益をこれまで通り担保しながら、必要な費用（経費）を下げることを行うのが実情であり、その際もっともコントロールしやすいのが働き手への対価となります。

　つまりは人件費をコントロールするということです。会社や団体の経営が不振な場合、最も有効な改善方法はリストラです。また最低賃金に関しても、働き手には最低賃金の向上はうれしいことですが、会社や団体にとっては経営が苦しくなるきっかけにもなるというジレンマが存在しているのは確かなことです。

② 必要とされている働き手

　では、この社会経済の基礎的な構造を知ることができたなら、この社会経済はどのような働き手を求めているのでしょう。そのためには消費者（厳密には作る人や届ける人も入る）としての私たちを知るところから始めます。

　この人たちはより安く、より簡単にという要望だけでなく、より多くという願いももっています。より多くとは、いつでもどこでも手に入ることを意味します。この要望に応えるために作る人と届ける人は、その形はさまざまであるものの、昼夜を問わない体制と大量生産という形で応えます。この体制を実行し維持させるために期待されるのが、機械と働き手です。

　機械はこの体制に期待通りの役割をこなします。エネルギーと原料がなくならない限り生産などをこなすことができます。ただ、機械だけではこの体制を実行し維持することはできません。働き手による人的作業が不可欠です。しかし、働き手は人間ですから、機械のようにはいきません。作業時間、休憩時間の設定、シフト、作業の手順や服装、身なりのマニュアル、危険防止（リスクマネジメント）、報告・連絡・相談（ほうれんそう）、周囲とのコミュニケーション、通勤などルールが必要となります。つまり作る人や届ける人が必要とする働き手は、作る人や届ける人の考えるルール通りに動ける人となります。

　加えて、一人ひとりルールを順守し動いてくれたらそれでよいのですが、もし、ルール内で他の人の2倍動ける人や、複数を同時進行（マルチタスク）できる人がいてくれた場合、雇用契約を結ぶ人数が減るため、作る人や届ける人

はより利益を得られるため、そのような働き手を望みます。ですから社員教育の中では生産性というテーマで指導がなされます。また、働き手同士で不和が発生したり、現行の体制に異論をもつ人が出たりすることは、生産性が低下する原因となりますので、作る人と届ける人は避けたいと思うこととなります。

よって、作る人と届ける人の求める働き手像をまとめると、会社や団体が考えたルールを守ることができ、体制に異論をもたず、周囲と仲良くできる作業スピードが速くマルチタスクな人となります。この人材に対する価値観は現代でも根深く残っているのが現状であり、昨今いわれる、「自分らしく働く」とか「好きなことをみつけて働く」「向き不向き（特性）に合わせて働く」という価値観とはやや乖離していると言えます。

2 就労に必要なスキル

① しっかり〇〇しなさい

就労に必要なスキルを得るために、よく訓練とかトレーニングのような風景を目にします。必要な階層に応じて足りない部分を明確にしますので、その足りない部分を充足させる必要があると一般的には考えるからです。そして、その訓練やトレーニングの場面でよく聞かれるのが、「しっかり〇〇しなさい」（図2参照）という言葉かけです。もうすこし踏み込むと「〇〇ができないと働けないよ」という叱咤激励も飛び交っています。

また、これらの「しっかり〇〇しなさい」という叱咤激励は、多くの場合、強く繰り返されます。残念ながら「しっかり…」と発するエネルギーの割には、就労を目指す人らが必要となるスキルを効率よく手に入

- しっかり早寝早起き
- しっかり眠る
- しっかり三食食べる
- しっかりあいさつ
- しっかり体力をつける
- しっかり服薬・通院
- しっかりコミュニケーション
- しっかり社会性
- しっかり身だしなみを整える

図2 ●はたらくに向けた訓練スローガン
「しっかり〇〇しなさい」

れる結果にはつながりにくいのが現状です。さらに、結果につながらないだけ
でなく、しっかりしっかりと言われている人は、どんどん自己評価を低くし、
自己否定が強くなります。この結果、ミスを極端に恐れ、能動的に取り組もう
という気持ちは減少し、受動的に言われたことのみを行う人材が育ってしまう
リスクがあります。

　しかしながら、作る人や届ける人にとって必要な働き手は、ルール内で生産
性を担保できる人であればよいので、叱咤激励を通じてスキルを得た人材の方
が、支配とコントロールの中で管理しやすいという側面はあるのかもしれませ
ん。ただ、このように働くを目指す人が必要なスキルを手に入れるための叱咤
激励で育った人材は、働き手としては不足しがちです。それは叱咤激励の訓練
課程で働く意欲がなくなってしまったり、あきらめの気持ちが育ってしまう人
も少なからずいるためです。

　そのため、昨今では冒頭でも述べたように、人材に対する需要の現実とは、
まだまだ乖離している部分はありますが、「自分らしく働く」「好きなことをみ
つけて働く」「向き不向き（特性）に合わせて働く」などの多様性に対する価値
観も出てきますので、働くを目指す側の雰囲気の変化は、肌で感じられるよう
になったのではないでしょうか。

② 必要なスキルはどう獲得するのか

　就労に必要なスキルを手に入れることを考える際に、多様性を前提に考える
必要がありそうです。多様性の中でも代表的なのは障害状態にある人たちで
す。障害状態にある人ならなお、そのサポートは必要であり、先述した以外に
も実際に教育だけでなく、医療、行政、福祉が働きたいというニーズに基づき
サポートしていきます。

　福祉のサポートの代表的なものをあげれば、基幹相談支援センターや計画相
談、就労・生活支援センターや職業センターなどがあり、障害状態にある人が
働きたいと自分のエネルギーと時間を費やしてでもかなえたいとなれば、多く
のサポーターが集まり力を貸してくれます。それは対人援助職という専門性に

基づいた関わりをもちます。これらを就労支援と呼びます。

　対人援助職という領域全体に言えることですが、昨今では支援の質への意識がますます高まっています。権利条約や虐待防止法などの施行があった流れもあり、権利擁護を軸に本人主体が重要視され、合理的配慮があることはあたりまえの専門性となっています。こと就労支援においても、かねてからあった法定雇用率への取り組みも相まって、就労支援の支援の質は、これまでのものから変わろうとしています。

③ 目標指向的リハビリテーション

　ボトムアップとトップダウンという言葉があります。ボトムアップとは必要なものを一つひとつ積み重ねて目標に到達するという考え方です。これは就労準備性ピラミッド（P67で紹介）の考え方と同様です。階層の下位から下地・基礎・地盤を固め達成すれば次の階層と進んでいく様はボトムアップと言えます。

　この方法のメリットとしては、課題を解決してから次の段階へ進みますので、成長が見て取れます。また一度覚えたことはなかなか忘れないものとして手に入るでしょう。対してデメリットは、その課題が解決しない限り、次の段階に進むことができないことです。一つでも解決しなければ次の段階に進むことを許されないことが多いため、目標達成に時間もエネルギーも費やしてしまいます。

　それに対してトップダウンとは、まずは到達目標を明確にします。その目標に到達するために何がどう必要かを考えます。さらにその必要なことを行うために何がどう必要かを考えます。この作業を繰り返し、その目標に到達する階層をつくっていき、明日から何をどう行っていくかを実践するやり方です。

　この方法のメリットは目標がはっきりしているため、そこに向かうプロセスに対して、すべてはあの目標のためというモチベーションが保ちやすいです。また自分が決める目標達成に対するプロセスは、オンリーワンなロードマップとなるため見通しがもちやすくなります。その結果、必要なことを獲得するペースは速くなり、また取り組んでいる本人も取り組みに対する充実感、達成感を得やすくなります。

デメリットとしては、オンリーワンなロードマップであるため他者が真似をすることは難しいという点は、頭の端においておく必要があるでしょう。支援は、いつでもどんなときでも個別性が高いものです。

しかし、ボトムアップのような下地・基礎・基盤を立ち止まってでも築くことも重要です。トップダウンばかりを意識しすぎると、その個人の取り組みやすさ、時間軸で目標に到達しようとします。その姿は自分らしかったり、ありのままの自分のまま目標に到達していますので、一見よさそうに見えますが、作る人や届ける人が必要とする人材という価値観からは離れていきやすくなるといったリスクもデメリットとなる場合があります。

よって、就労を目指すためにはトップダウンで考えながらも、ボトムアップしていくべきことを混ぜていくことが必要となります。このような取り組みは目標指向的リハビリテーションと言われ、作業療法士も実践する方法です。

④ **実践から学ぶ**

私自身、作業療法士であり、何人もの就労支援に携わってきました。そして今、本業は農業者と意外な経歴ではありますが、今自分のいる場所や立場をいかんなく活用し、老若男女、障害の有無を問わず働いてもらっています。

自閉症の青年、ひきこもり、ADHDの中学生など野菜の収穫や選別を中心に現場に入ってもらいます。安全に作業できる方法はわかってもらえるように指導し、より多く収穫したり、選別したりできることが大事であると伝えた後は、本人に任せます。

休憩も水分補給もトイレも本人の判断に任せます。作業ペースも本人が上げられず困惑していれば、スピードが上がる方法やヒントを教えます。そうした中で自分自身ができることをできるだけ行ってもらうと自ずと働くに必要なスキルを身につけていきます。現時点で作業中にケガをする人や危険行為があったことはありません。むしろ「気ばたらき」という働くために必要な最終スキルを手に入れていけるのではないかと期待がもてる場面が多々あります。

もちろんよい成果だけではありません。1日で来れなくなる人もいます。し

かし、これも一つの成果だと私は考えています。就労を目指す際、目標指向的に取り組んでも、目標がぼやけている場合、その道のりは険しく長くなります。今自分が本当に働きたいのか、実はそうではないのかを知ることは大変重要なことだと思いますし、向き不向きで仕事を判断するだけでなく、やってもいいかなと思える作業や、好きではないけどやっていても苦ではない作業に出会えることは、その後の働くに向けた道のりの幅が広がります。

③ 未来の就業を支える常識に

　就労を目指す人に必要な準備性として学びやスキルは、振り返れば何年も変わらず言われていることばかりです。その変わらず必要とされている基礎的な力を、それを必要としている人に確実にわかるような工夫、習得できるように伝える工夫、トレーニングしていく工夫をいかにするか、できるかが、未来の就労を支える常識になっていくと思います。

（対人援助コンサルタント ReFull・作業療法士）

キャリア形成の縦横の軸
地域に根ざして育つ意味

宇野京子

厚生労働省が「キャリア形成を支援する労働市場政策研究会」報告書で提唱しているキャリアとは、働くことに関わる「継続的なプロセス（過程）」と、働くことにまつわる「生き方」そのものを指しています。つまり、就労を目指すプロセスの中で、身につけていく技術・知識・経験に加えて、人間性や社会性を磨いていくこと、そして、プライベートも含めた自分自身の生き方を、意識しておくことが求められています。当然、障害のある人も、職業生活を含む人生や生き方全体（ライフキャリア）を意識する必要があると思います。

私が就労支援において重視してきたのは、ライフキャリアの充実を目指すために、障害のある人が健康に働き、社会と関わり合いながら満足のいく人生を送るためには、どのようにすればよいのかということです。職業リハビリテーションカウンセリングの場においては、キャリア形成の縦軸と横軸を意識した支援していく必要があると考えてきました。

縦軸が、小学校段階から行われている職業指導（キャリアガイダンス）のもと教育から就労へのキャリアの経過とするならば、横軸は本人と関わる周囲の人たちの理解や協力など人的支援ネットワークと、福祉、医療や労働の制度という社会資源がキャリアの要素になると考えています。

早い段階から多面的・重層的に検討し、有形無形のさまざまな経験から培った力と資源を知ること、自己理解と適切な援助スキルを身につけることができれば、親亡き後も周りの人たちに支えられ身近な地域で生きていくことができるはずです。

（一般社団法人職業リハビリテーション協会　理事）

Part 2
「ライフキャリアの虹」
にそって

障害児・者とその家族の
生涯発達支援の視点

水内豊和

1 障害児・者とその家族の想う「あたりまえへのアクセス」

① 「あたりまえへのアクセス」

　みなさんは、次の日曜日はどのようにして過ごしますか？　晴れそうなので家族と一緒にお弁当を持ってハイキングに行こうか、それとも自分がハマっている釣りをしに一人で海に行こうかなど、考えますよね。それもまた楽しいものです。しかし、休みの日に、会社の上司から、私の決めた本を2冊読まなければなりません、と言われたら、たとえその本の著者があなたの好きな作家であったとしても、楽しい休日の過ごし方となるでしょうか？

　本来、余暇の時間には、さまざまな選択肢があり、自分の意志で行動を決めることができるはずです。こんなふうに、みなさんは普段から、やってみたいな、行ってみたいな、食べてみたいな、あるいはこれはしたくないから断りたいな、などという希望や欲求に対し、自分で選択し、決定することがある程度できているかと思います。また、あなた自身が今所属している職場や出身大学は、多くの情報にアクセスし複数の選択肢の中から、自分の意思で決めてきたのではないでしょうか。

　このことを障害のある人に置き換えてみたとき、そうしたモノ・コト・サービスへのアクセスのしやすさという点では、同じとはまだまだ言いがたいようです。以下に、障害のある人と家族にとって、アクセスしたいけど容易ではないことをあげてみましょう（水内,2023）。

1）子どもにとって

　学習面や行動面で課題のある子どもであれば、ICカードを使って、コンビニで好きなものを買いたい、ならぶのは苦手だけどテーマパークに行って遊び

たい、小学校で必修化されたプログラミング教育をやってみたい、ママはもっとボクとだけ遊んでほしい（本人ならびにきょうだい児）、などがあります。

２）大人にとって

　発達障害のある成人で例をあげると、働きたい、スマホを持ちたい、ネットカフェを利用したい、一人でカラオケしたい（ヒトカラ）、車の免許をとって運転したい、選挙に行きたい、友達と飲み会に行きたい、友達と泊まりの旅行に行きたい、地域の成人式に出たい、恋愛・結婚したいなど、彼らの思うさまざまなあたりまえへの欲求を本人たちからよく聞きます。

３）家族にとって

　家族、とりわけ母親で例をあげると、子どもにかわいい服を着せたい、親子で海外旅行に行きたいといった、子どものいる生活へのあこがれだけでなく、障害のある子がいても働きたい、趣味を続けたい、おしゃれでいたい、（ママ友ではなく）高校時代の友達と温泉旅行に行きたいなど、一人の女性としてこうありたいという、昔思い描いていたけどあきらめてしまいかけていた未来予想図の実現と、揺らいでいるアイデンティティの再確立が課題になります。

② **インクルーシブ社会の実現のために**

　こうした、当事者の方たちの「理想自己と現実自己のギャップ」を埋めることは、本人たちががんばるということだけで、どうにかなるものではありません。それをどのように支えることができるかは、インクルーシブ社会の実現において重要な課題と言えるでしょう。障害のある子どもから大人とその家族が、さまざまなソーシャルサポートやICT（情報通信技術）を用いながら、すでにできていることはさらに高め、やりたいことはとことん支援付きで可能にする、そのための方途を探求します。障害のある人と家族の心理的な安全・安心の確保の上に希求する「あたりまえへのアクセス」に対するサポートであり、その先にあるのはQOL（生活の質）の向上、そしてウェルビーイングです。

　ここでいう「あたりまえ」とは、「支援者や周囲の人にとってのあたりまえ」「社会通念や常識」「生活年齢から期待される一般的なこと」ではなく、「障害のあ

る当事者やその家族が思い描くあたりまえ」のことです。理想自己とそれに向かう自己実現の様相と言ってもいいかもしれません。

　その際、決して支援者側から一方的に指導的・指示的に解決策を提示するのではなく、あくまで対象者に寄り添いながらていねいに関わり、「自分は自分でいいんだ」「自分はこんなことが得意だ」といった面で、肯定的な自己理解を促しつつ、自己選択・自己決定を尊重したサポートが大切だと考えています。また、その実現の方途の一つとして、ICTの積極的活用やアクセシビリティの推進が大きく寄与することは間違いありません。

　では、対象者に対して、どのような実態把握と支援が必要となるのでしょうか。ここでは、多面的な実態把握と支援、そして時間軸を考えた発達的視点からの実態把握と支援について紹介します。

② 多面的な実態把握からの発達障害児・者支援

① 従来の障害の捉え方：医療モデル

　世界保健機関（WHO）が2001年に、後述する現在の「国際生活機能分類（ICF）」を提示するまでは、障害の捉え方については1980年に示された「国際障害分類（ICIDH）」に基づいた3段階のモデルが考えられていました。第1段階：機能障害（impairment）、第2段階：能力低下（disability）、第3段階：それによって生じる社会的不利（handicap）です（図1）。

　例えば自閉スペクトラム症（ASD）を例にとると、ASDという障害から起因する、社会性やコミュニケーションの弱さ、感覚の過敏性などの特性がimpairmentに相当します。ASDにおけるimpairmentは、特性そのものを治療するということはできません。こうしたimpairmentに伴って、人とコミュニケーションするのが苦手という、能力上の障害（disability）が生じます。このdisabilityは、その様態と程度によっては教育や療育によって能力が回復（あるいは発達）する可能性があります。しかし、人とコミュニケーションをとることが苦手というdisabilityがあると、人とうまく協調してする仕事を任

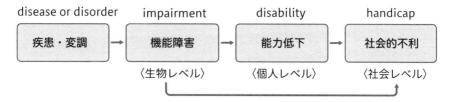

disease or disorder	impairment	disability	handicap
疾患・変調 →	機能障害 →	能力低下 →	社会的不利
	〈生物レベル〉	〈個人レベル〉	〈社会レベル〉

図1 ●国際障害分類（ICIDH）

されない、時には仲間はずれやいじめに遭うなど、社会参加の制限（handicap）が生じることになります。

　こうした従来の障害観の下では、まず医学的な治療・処置があり、次に機能訓練があり、最後にバリアフリーな環境づくりを行うという段階的な支援がありました。しかし、この考え方によると、さまざまな「できなさ」の原因を障害児・者にのみ帰すことになります。このICIDHは「医療モデル」と呼ばれ、それは不適当であるとして、かねてより当事者を中心に批判が呈されていました。

② 現在の障害の捉え方：社会モデル

　先の批判に対応すべく2001年にWHOは新しい考え方を示しました。それが国際生活機能分類（International Classification of Functioning：ICF）です。ICFとは、障害者や高齢者の支援に携わる関係者が、支援を受ける人の状態像に関して共通の認識をもてるようにつくられました。ICFの考え方を図2に示します。

　ICFでは、人間の生活機能を「心身機能・身体構造」「活動」「参加」という3つの次元に区分しています。生物（生命）に関する次元は「心身機能・身体構造」と表記されています。個人の生活に関する次元が「活動」です。さらに社会（人生）に対する「参加」の次元があります。

　従来の障害観と異なり、ICFにあった3次元の間には「心身機能・身体構造→活動→参加」という一方向のつながりではなく、双方向の矢印が書かれてい

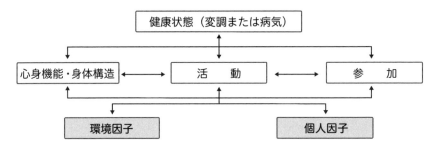

図2 ●国際生活機能分類（ICF）

ます。例えば仮にある生活動作ができる能力をもっていたとしても、それを使わないでいると身体機能が衰えてしまいます。社会参加をする・しないという状態もまた、活動（能力）や身体機能などに影響します。つまり、障害の状態は固定的ではなく、生活の実態によって変わりうると考えるのです。

　さらに特徴的なのは、個人の因子と環境の因子が、これらの背景に存在することです。個人因子で顕著なのは性格でしょう。仮に何らかの障害を有していたとしても、自分の状態像を前向きに明るく受けとめることができれば、「活動」の程度が増えたり、社会参加の機会が広がります。逆に自分をマイナスに捉えてしまえば、「活動」が減少し、「参加」の機会も乏しくなります。また、家族や生活環境（バリアフリーの程度など）によっても、「活動」「参加」の程度が変わってきますし、その結果「心身機能・身体構造」に何らかの悪影響を及ぼす可能性もあります。

　障害児・者への支援とは、こうした要素をすべて考慮した上で、一人ひとりに応じて個別化されるべきなのです。この新しい考え方であるICFは従前の「医療モデル」に対し「社会モデル」と言われています。

　社会モデルでは、障害とは、「個人」と「環境」との相互作用で顕在化するものと考えます。今日、わが国における障害者の定義は、『身体障害、知的障害、精神障害（発達障害を含む。その他の心身の機能の障害（以下「障害」と総称する。）がある者であって、障害及び社会的障壁により継続的に日常生活又は社会生活に相当な制限を受ける状態にあるものをいう』（下線は著者）となっ

ており、この社会モデルに立脚したものなのです。

　したがって○○障害だから、××メソッドを取り入れればよい、というような短絡的なものではなく、ICFにある、心身機能・身体構造、活動、参加、個人因子、環境因子といった因子のどれについても、プラス面とマイナス面とから実態を把握することで、適切な支援を過不足なく提供することが可能となります。

　図3は、筆者も関わっている、運転免許取得のための合理的配慮の提供「つばさプラン」において、どのような個別配慮や支援が、対象者に必要かを考える際にICFを用いて検討したものです（佐藤ほか, 2021）。

　あいさんは、こうした配慮や支援の結果、運転免許を取得し、家族とも車で出かけることが増え、外出する機会が増えました。また家族内での役割として、送迎や運転の交代などできることが増えたことはあいさんにとって自己有用感を感じる大きな変化となりました。加えて、教習生活ではイラストを描くことを通してコミュニケーションをとったことで、イラストを仕事にしたいという夢をもつようになりました。現在イラストレーターとして活動の幅を広げており、教習は社会へ出ていく最初のきっかけともなったそうです。

　就労関係の支援者は、ともすれば、運転免許があれば、就職に有利だからと取得をすすめがちです。しかし、運転免許そのものが自身にとってアイデンティティとなる、例えば、何かの身分証明を求められるとき、障害者手帳ではなく、運転免許証を提示したい、そんな「あたりまえへのアクセス」は、当事者からよく聞きます。

③　生涯発達の視点からの発達障害児・者支援

① 障害児・者のライフステージとライフコース

　障害児のたどるライフステージごとのライフコースという決まったものがあるわけではありません。たとえ、障害の診断名が同じかずひろさんとたかゆきさんがいたとしても、それぞれの人が生きている時代、国、文化、経済的状況、

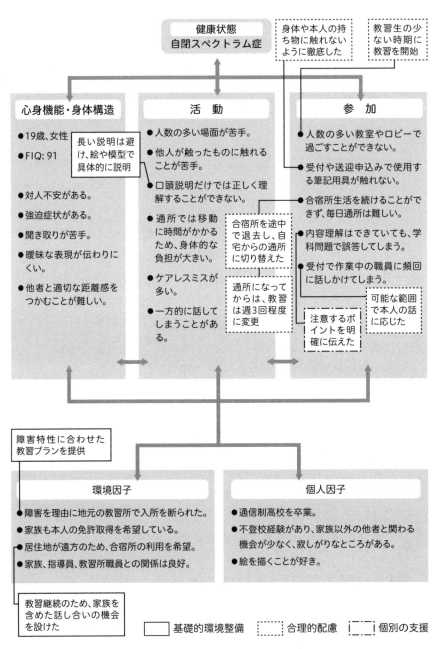

図 3 ● ICF によるあいさんの実態把握と必要な配慮や支援[2]

教育制度などが異なるからです。

　したがって、「この子は大人になっても意思疎通は困難で、就労などできないだろう」などと支援者が決めつけることは、あってはならないことです。加えて、支援者は、自分が担当するライフステージのみ責任をもって支援にあたればよいか、というとそうではありません。例えば一般的に幼児期のみを担当すると思われがちの保育士であっても、ライフコースの初頭において、障害のある子どもをもった保護者の苦しみを受けとめ、ともに子どもを育てる協力者となり、子どもの将来の自立と社会参加を願って発達を促進し、そして来るべき就学へとつなげていくことが求められるのです。そのためにも、生涯発達という縦軸で支援を考えられることが大変重要です（図4）。

1）誕生から幼児期

　今日「発達」とは「受胎から死ぬまでに至る、心身の構造や機能が量的にも、質的にも連続的に変容していく過程」と捉えられます。個体が発生し、発達していく過程において、さまざまな心身障害が起こってきます。知的障害児を例にとってみると、障害発生の時期と原因にはさまざまなものがあります。

　出生前の原因としては1.遺伝、2.染色体異常、3.胎芽・胎児期の問題（奇形、

図4 ●ライフステージと多様なライフコース

感染症、中毒症）があります。出生前だけでなく、周産期や出生後の原因にもさまざまなものがあります。染色体異常が原因の代表的なものとしてはダウン症があげられます。しかし、知的障害と診断のある人のうち、明確な原因が判明しているのはわずかに４分の１程度と言われています。ダウン症は生後間もなくわかりますが、一方で知的障害を伴うASD児は、３歳前後まで確定診断がつかないこともあります。

　一概に知的障害といってもさまざまで、障害告知の時期が遅ければ保護者の障害への認識と理解の程度も異なります。ダウン症児とASD児の対応が一様ではないように、保護者との連携の仕方も子どもの障害によっては一様ではないのです。

　乳幼児健康診査を受け、各種専門機関の相談や療育を経て、保育所や幼稚園に入園する子どももいれば、障害児の通園施設に通う子どももいます。年長の10月からは就学時健康診断に基づいて、就学先が決定します。

２）小・中学校期

　障害のある子どもは、特別支援学校、特別支援学級、通級指導教室などで学校生活を送ります。また、全般的な知的発達に遅れのない発達障害児は、通常の学級に在籍することもめずらしくありません。特別支援教育は、障害の有無に関わらず子どもの教育的ニーズに応じた適切な指導や必要な支援を行う教育です。どの学校種においても「特別支援教育コーディネーター」という役目の教員がおり、「個別の教育支援計画」ならびに「個別の指導計画」に基づく教育が行われます。家族の支援では、障害のある兄弟姉妹をもつ「きょうだい」への心理支援も重要となります。

３）高校・大学期

　小・中学校期と異なり高校以降は義務教育ではありません。今日ではほとんどすべての特別支援学校には高等部が設置されており、地域の中学校を卒業後、特別支援学校の高等部に進学するケースが多く見られます。また、発達障害児の中には、高校入試に合格し一般の高校に進学、さらに大学に入学することもあります。高校にも通級指導教室が置かれるようになりました。また障害

者差別解消法に基づく、合理的配慮提供の義務のもと、大学においても障害学生支援を専門とする部署を置くようになっています。

4）就労・地域生活

　学校卒業後の就職形態には、企業などへの一般就労と、作業所などでの軽作業に従事する福祉的就労とがあります。障害者手帳を取得し、障害者雇用の枠内で支援を受けながら就労する形態もあります。また障害基礎年金を受給したり、障害者自立支援法に基づく各種支援サービスを利用しながら自宅やグループホームなどの地域、あるいは入所施設で生活を送ります。家族の支援では、高齢となってきている「親亡き後」を見据えた心理・社会支援が求められます。

② ライフステージと支援のあり方

　筆者は、知的障害・発達障害のある子どもから大人まで、特にICTを用いた教育や生活支援のあり方について実践研究をしています。ここではライフステージによりICTを用いた支援の様相は当然異なることを例をあげて示します。

　ひろみさんは、通常学級に在籍する、LDの診断のある、読み書きに苦手さをもつ小学4年生の児童です。ひろみさんは、決められた時間内で板書を書き写す際、写し間違いや乱雑な字になってしまうため、特に帰りの会の前に短時間で視写することが求められる連絡帳は、後から読み返すことができず、宿題や持ってくるものがわからないことが多くありました。そこでiPadのメモアプリから写真を撮ると、黒板に対して斜めの座席から撮影しても自動で台形補正してくれるため、先生の書いた読みやすい文字による写真メモで連絡帳を作成でき、その結果忘れ物も減りました。

　読みに関する困難については、まずは読みに対する苦手意識を払拭するために、学年相応のデジタル教科書ではなく、ひろみさんの好きな絵本のマルチメディアDAISY教材をつくって、家庭学習用に提供し、音声読み上げと反転強調という視覚・聴覚のマルチモーダル（感覚）を利用した教材で、読みものの楽しさを味わうところから支援を始めました。

　一方、同じく読み書きに困難のある社会人のけんじさんは、スマホやタブ

レットに標準的に搭載されているアクセシビリティ機能をうまく使えば、新聞のデジタル版をボイスオーバー機能により合成音声で読み上げることができ、自分で読まなくても聞くことで情報を得ています。新聞や雑誌などの印刷された紙の新聞や雑誌であっても、Microsoft Lensなどのアプリを用いたら、写真撮影→OCR→Word化という作業を自動化しテキストファイルにできます。

　ひろみさんのように、子どもが学習初期の段階で読み書きにつまずきを感じることは、学習意欲を低下させてしまい、学習が積み上がらないだけでなく、次につながる新たな学習におけるつまずきを生む要因となってしまいます。また、学習に対する意欲だけでなく、「読めない・書けない」ことから「できない・わからない」思いは自尊感情の低下ももたらします。そのため個々の子どもの実態把握に基づく適切な支援の一つの方略としてICT活用が求められます。

　他方、けんじさんのように大人であれば、生活に必要な読み書きとは、学習指導要領に基づき教科書に沿って行うものとは異なり、ICT機器を用いてでも他者とコミュニケーションをとり、社会生活を円滑にする上で必要な情報を得ることができ、楽しく豊かな生活を送ることが目的となります。

　つまり、学習指導のための読み書きと生活支援の読み書きは連続線上にあり、そのウエイトはライフステージや読み書きが求められる文脈によって異なるものの、努力や根性で読み書き困難を克服するのではなく、実態把握に基づくオーダーメイドの支援が重要であること、その方途の一つとしてICT活用が求められるのです。

　この例のように、ICTを用いた読み書きに困難のある障害者の支援のあり方一つとっても、対象者の置かれているライフステージによって異なります。そのため、いかに、適切な実態把握と支援が重要かが理解いただけたのではないかと思います。そしてその先にあるのは、当事者の抱く「あたりまえへのアクセス」であり、その帰結はQOLの向上、ウェルビーイングであることは言うまでもないでしょう。

（島根県立大学人間文化学部保育教育学科　准教授）

[引用文献]

1 水内豊和（2023）『身近なコトから理解する インクルーシブ社会の障害学入門──出雲神話からSDGsまで』ジアース教育新社

2 佐藤みゆき・野澤（竹澤）愛美・伊藤美和・水内豊和（2021）「教習所における発達障害者の免許取得のための個別支援のあり方──つばさプランの実践から」『富山大学人間発達科学部紀要』16（1）、25-35

補足：「あたりまえへのアクセス」という用語について

　「あたりまえへのアクセス」ということばについては、筆者と共同研究をしている栃木県の鹿沼自動車教習所と富山大学との共同で、文字商標として登録されていますが、これは、使用を制限する意図ではありません。「支援者や周囲の人にとってのあたりまえ」「社会通念や常識」「生活年齢から期待される一般的なこと」への近接を本人以外の人が求める意味で誤用されることを避け、あくまで「当事者やその家族が思い描くあたりまえへのアクセス」という意味で用いるもの、ということを明確にするためのものです。

自動車免許を取得する前に検討しておきたいこと
メリットとデメリット　　　　　　　　　　　　　　　　宇野京子

　現在、自動車を運転している知的障害や発達障害傾向のあるドライバーは、数多く存在していると考えられます。一方、免許を取得しても運転することに関心をもたない若者が増えているといわれています。地方に住んでいる場合、自動車の運転ができれば、日常生活の利便性は向上しますし、就職先を検討する際も選択肢が増えます。

　教習所の適性検査で向き不向きは把握できますが、運転ができることで多くの恩恵が得られるメリットがある反面、不幸な交通事故も数多く起こるデメリットがあることを、家族で十分に話し合っておくことをお勧めします。その理由は、

自閉スペクトラム症（ASD）傾向の強い人は、臨機応変な対応が苦手なことやこだわりが強い部分が出ると危険な場面があります。また、ADHD（注意欠如・多動症）傾向の強い人は、注意力が散漫になったり、勢いでアクセルを踏んだり、信号や標識を見落としやすいなどの危険もあります。知的障害や学習障害（限局性学習症、LD）傾向の強い人は、運転そのものよりも、学科でつまずき試験に合格しづらいケースも見受けられます。

　自動車免許を取得する前に、かかる費用と時間、また取得後のリスク、代替手段の有無を検討することをお勧めします。

（一般社団法人職業リハビリテーション協会　理事）

2 幼児期・児童期に育むソフトスキル

河本聡志

1 幼児期・児童期に育むこと

① 環境に適応しやすい幼児期

　この時期を多様な広がりをもつ長い人生の初期段階としてみたときに、幼児期は家庭・保育所・こども園・幼稚園のような人的にも物理的にも限られた環境での他者とのやりとりが主体であるため、高度なコミュニケーションスキルや社会性を必要とせず、その子のやりたい作業、やらなければならない作業を遂行し、環境に適応しやすい時期だと言えます。

　この時期の子どもは、ADL（日常生活動作）の自立へ向けて生活リズムを定着させることや感覚運動経験と世の中の事物とを関連させ認知機能を向上させていくわけですが、「自己中心性」があり、他人が自分とは異なる見方・感じ方・考え方をすることを理解できません。しかし、保育・幼児教育施設での生活により、遊びを中心とした友達との関わり合いを経験し、他者の存在・視点にも気づき始め、社会的ルールやコミュニケーションスキルを身につけていく時期でもあります。

　この時期にすでにコミュニケーションスキルや社会性の発達など、全般的な発達の遅れが顕著な子どもにとっても、まだ周囲の子どもたちも前記のスキルを身につける途上のため、保育士や幼稚園教諭による比較的自由度のある保育場面設定により、環境への適応が可能となることが多いです。また、医療機関や児童発達支援事業所という一般的ではない環境においては、発達や障害に関する専門性を有する職種が場面を設定するため、より環境への適応は可能となります。

② 流動性のあるリアル環境で、ソフトスキルを学べる児童期

　児童期以降では生活範囲の拡大と関わる人や作業の多様性が増し、学校を中心とした主たる生活の場で個別的な"療育"を受けることには限界が生じてきます。「小1の壁」や「小1プロブレム」という言葉を聞いたことがあるかもしれませんが、決められた空間や時間、スケジュール、ルールのある環境で先生やクラスメイトと作業を遂行していかなければならなくなるため、自由度のあった幼児期の環境との違いにより不適応を起こしてしまうわけです。

　そういったことができるだけないようにするために、就学先を決定するまでに各自治体の教育委員会が就学前の説明会や相談会を保護者対象に開催し、保育園・幼稚園などとの縦の連携として園の保育参観や情報共有のための会議を行うなど、その子にとって最適な生活環境を考える取り組みがなされています。

　学校の"教育"の場は、多くのことを経験できる場であり、そこで行われる作業場面すべてがソフトスキルを身につける場となりうると思います。流動性のあるリアルな環境でソフトスキルを学べることは、非常に魅力的に感じます。ここで言う「流動性のあるリアルな環境」とは、何も配慮のない環境ではなく、「子どもを理解した支援者がいる環境」を意図します。流動性のあるリアルな環境は、支援者によってより質の高いものに変わっていくことができるため、多くの可能性を秘めていると思います。

③ 学校でも専門職との協業が必要

　ソフトスキルは、生活で行われるすべての作業場面において必要となってくるものです。そこでのソフトスキルを身につけるためには、まずは一つひとつの作業を分析し、各作業に必要なソフトスキルを明確にする必要があります。それを支援者、特に教師の方々に分析・理解をしてもらい、実際の教育現場において児童・生徒へ実践していただくことが理想的です。しかし、それをすべて行うことは大変なことです。教師としての膨大な業務をこなしながらそれを実践することはかなりの負担であり、また教師の教育課程で学ぶことの中心で

はなく、実際的ではないと思われます。中堅層の教師不足が言われる中、比較的経験年数の少ない教師の方々にそれを要求することはよりハードルが高くなることから、やはり専門職との協業が必要となってくると考えます。

　アメリカの州によっては一つの学校に作業療法士が少なくとも1名所属し、人口密度の低い田舎であっても学校区で1名の作業療法士を雇い、その学校区内にある学校をすべて巡回する形で作業療法サービスの提供が行われているとのことです。

　日本は、少子高齢化が進み、義務教育課程の児童生徒の数は減少傾向であるにもかかわらず特別支援教育の対象となる児童・生徒数は増加傾向にあります。特に通常学級における支援を必要とする生徒数が増加する今、障害のある児童・生徒が主たる生活の場で満足して作業が遂行できるようにするためには、専門職がその現場で対象となる児童・生徒の障害特性を医学的な視点で評価し、学校で行われる作業を分析し、教師と協働して支援を行うことが理想とするところです。

　現在は制度的な問題があるため困難ですが、このようなことを専門とする作業療法士が、教育現場に数的にも時間的にもより多く配置されることを期待します。教師と作業療法士をはじめとする専門職の専門性が融合することで、きっと児童・生徒の成長と発達によい影響を及ぼし、また教師の方々が実践したい教育を子どもたちに届けやすくなることと考えます。

④ ソフトスキルを学ぶ学校と放課後児童クラブの違い

　児童期においてすべての児童が利用をするわけではありませんが、放課後児童健全育成事業（通称「放課後児童クラブ」「学童保育」）という放課後の子どもたちの"育成支援"を行う児童福祉施設があります。放課後児童クラブは、異学年が同じ空間で同時に同じ作業をする機会が多く、学校のような社会的ルールが規律として絶対的に存在するわけではありません。そのような環境で放課後の自由な時間を過ごすので、自然なコミュニケーション場面が生まれやすい性質があります。そのため、何かしらのトラブルも生じやすくなるのです

が、私個人の印象では学校より放課後児童クラブで過ごす時間のほうが「楽しい」と言う子どもが多い印象にあります。

　放課後児童クラブは、そこにいる支援者が教師ではなく、一定のルールやスケジュールはあるものの、過ごす時間が短い中で自分の好きなことをして過ごすことができるからだと思います。このような環境下で専門性を有する支援員に育成支援を受けられれば、ソフトスキルも身につきやすくなるでしょう。

　子どもたちからは「学校は嫌い」「放課後児童クラブは好き」とよく聞きますが、この言葉によって"学校は我慢しなければならないところ""うまく支援できていない"と安易に捉えることをせず、一度立ち止まって熟考しなければなりません。学校という場でルールは守らなければならないということを学び、クラスメイトの中での自分の役割を遂行し、他者との関係性を学ぶ。そして、それらは、必ずしも自分の思い通りにならないこともあるので、我慢をしなければならないということを学べているとも捉えることができます。

　そして重要なのが、子どもたちが我慢をしながら学んでいる、そのこと自体に気づかせてあげなければならないということです。

② 発達障害のある子どもがソフトスキルを身につけるために

　発達障害のある子どもたちは、自分を俯瞰的にみて自己認知をしたり、体験したことを他の体験と結びつけて"経験"として次の行動に活かしたり、自分がしていることが将来的にどんなことに活かされるかを具体的に考えることが難しい傾向があります。そのため、せっかく今自分が我慢をして学んでいることを、具体的に何を学べているか伝え、それが未来の自分にとってどういう影響を与えているかを知らせてあげなければならないのです。

　学校や放課後児童クラブでこういった支援を行いながらソフトスキルを身につけるためには、ある程度の工夫が必要となってくるため、それについて以下に一部ご紹介します。

　ただ、これは支援者が子どもを中心としてそれぞれが手を取り合い、その時

の人員配置や支援者の健康やスキルなど、実際的に実践できるかどうかの協議をし、その上で提供されなければならないということが大前提です。そのため、以下の内容については、必ずしも実践しなければならないというものではなく、一つの考え方や方法論として読んでいただければと思います。

① 学校での人的環境の工夫
1）教師としてできる工夫

　教師としてできる工夫の一つは、子ども自身ができるだけ、そこで過ごすことが「楽しい」「意義がある」と思えるように作業を提供することがポイントです。そのためには、子どもの特性に合った「役割」とそれに伴う「作業」の提供が必要です。役割があることで、作業が生まれ、その作業を行っている間は、その場が安心のできる「居場所」となります。

　例えば、支援学級の子どもは、通常学級へ交流授業に行くわけですが、こんなことをよく耳にします。居づらくなったらいつでも出ていってもいいように一番後ろの廊下側に席が設けられ、授業開始から一言もしゃべることもなく、しばらく経って無言で支援学級に戻っている。これでは、何のための交流授業なのかわかりません。子ども自身もなぜ自分は特定の教科だけ違う教室へ行かなければならないのかを考えない子もいますし、いつも一緒に生活をしていない子どもたちの中で授業を受けるわけですから、発言することをためらったり、緊張してそこにいるだけで精一杯となるのもわかります。

　それを先生には理解していただき、子どもからではなく、先生から声をかけて「自分はここにいてもいいんだ」と安心させ、例えば無言でもできるプリントの配布係といった、その子にできるであろう役割を与えることで、交流学級が子どもにとって本当の意味での「居場所」となり、交流学級へ行くことの目的や意義を子どもに考えさせ、伝えていくことができるようになっていきます。

　大人も子どもも「ひと」は、慣れない環境に適応するためには、その場に居てもいいと保障され、そこで行う作業が与えられることで安心できる居場所と

して環境に適応していくことができます。

日常的な学校生活の中でのちょっとした工夫がなされるには、先生による子どもの特性を観察する力が必要となりますが、その力を押し上げるためには、専門職同士の協業や一人の子どものことを考える機会（カンファレンスなど）や、相互の研修機会が必要と考えます。子どもたちが教科学習を学ぶための基盤となる、安心して参加できる環境づくりは、支援者の視点のみで考えるのではなく、子どもの視点で考えることで、おのずとその子に合った環境づくりができると思います。

2) クラスメイトとしてできる工夫

障害のある子が働くためには、その子自身がソフトスキルを身につけていく必要はありますが、社会モデルの観点から考えると、障害のある人をはじめとした多様性を受け入れ、共生社会をつくっていく必要があります。そのためには、幼児期・児童期から障害のある子どものクラスメイトへの支援者の関わり方も重要となってきます。共生社会の実現へ向けた支え合う意識の醸成は、道徳などの特別な科目で学ぶだけでなく、日々の生活の何気ない出来事で学ぶことも大切だと思います。ただ、これはどうあっても大人が導くことが必要です。

とりわけ通常学級の子どもたちに日常的にすぐにでもしてもらえることは"困っている人を見かけたら声をかける"という決して難しいことではない、当たり前のことではないでしょうか。それを改めて子どもたちに意識化してもらえるように、親や教師といった大人が関わっていただけると、共生社会の実現へ向けた支え合う意識は少しずつでも醸成されていくでしょう。

② 学校での物理的環境の工夫

発達障害のある子どもたちは、注意がそれやすく、目に見えないルールが身につきにくい傾向があります。そのために授業中によそ見をし、話を聞き逃したり、動機が持続しにくかったり、クラスメイトとのトラブルが生じやすくなります。

そのため、子どもの特性やその時期の状態に応じた席の配置が必要となりま

す。これは、就労の場においても、配属先や作業を行う場所の決定にも関係してきます。例えば「多動で衝動性があるから刺激が少なくなるよう席は一番前に」ということは、基本的な考え方として決して間違った考えではありませんが、対象の子どものその時の状態に、それが適しているかどうかはしっかりと考えなければなりません。実際に巡回相談による学校訪問の際に多動・衝動性のある子が教室の一番奥の列で最後尾の席にいました。その子は、授業中に座っていますがずっと動いており、先生の話に反応してずっと一人でしゃべっていました。それでも課題を先生に見せに行くなどの公式に動けるルールがあったため、授業が終わるまでしっかりとした動機を維持しながら授業を受けることができました。

　担任の先生にお話をうかがうと「刺激がないと落ち着かなくなるので、あえて、みんなが見える場所にしています。最近は特に、本人は着席しておかなければならないルールを守ろうという意思がはっきりとあるので、しゃべっていてもごそごそと動いていても、それを受け入れています。授業もできるだけ動きのあるような授業づくりを心がけています。他の子たちもそのほうが最後まで課題に意欲的に取り組む様子も見られるので」とのことでした。このように本人の特性やその時期の状況を考慮した席の配置がなされることが理想的です。

　物理的環境づくりは、作業の提供方法も考慮して設定されることも重要ということですね。

③ 学校で行われる作業の工夫

　本人の特性に合ったソフトスキルを身につけるためには、対象児童が行っている作業それぞれに適切な目標設定が必要となります。その目標があるからこそ、支援者は対象児童が環境に適応できているかどうかを判断することができます。

　例えば"グループワーク"という作業では、話すことが苦手であるから「いるだけでいい」という目標設定ではソフトスキルは身につきません。話すことが苦手であるという特性がすぐに改善できないことはよくあることですが、す

でにそこにいることができているのであれば「その場にいること」が目標ではなく、グループワークの中で「何かの役割を担うこと」となります。それぞれの児童・生徒がもたなければならない役割を、その児童・生徒の特性に応じて与え、目標を設定しなければなりません。例えば、話すことが苦手だがPC入力が得意という特性があるならば、それを考慮した「書記」という役割を提供することもできます。

　他にもグループワークを行うための基本的なルール設定や確認を行うことも必要になるかもしれません。自分の言いたいことを次々としゃべってしまうのであれば、事前にルールを決めておくこともできます。発言の順番を決めたり、話者が話終わってから発言する、話題がそれてしまうことが生じた際にはそれに気づいた者が指摘してもいいこととするなどのルールを明確にしておくことで、対象児童の失敗経験は軽減できるでしょう。

　上記のようなある程度のフレームを用意した中でのソフトスキルを身につけるための取り組みが、成功体験を積み重ねることの有効な手段となります。そして重要なのが、その成功体験を本人にフィードバックすることです。ある作業場面で行われた工夫を時には本人に伝え、意識をさせる。そしてその工夫がなくても自分でそれを意識しながら取り組ませてみる。このように適切な目標設定とそれに伴う作業レベルの調整が、対象児童へ提供する作業の工夫となるのです。

　休憩時間は、基本的には上記のようなフレームをつくることが難しい時間です。障害があるなしにかかわらず、授業ではない特別な楽しみな時間となるため、自分のやりたいことを思う存分やりたいがゆえに、気持ちのコントロールは難しくなることが予測できます。そのためトラブルも生じやすく、特に発達障害をもつ児童・生徒は嫌な経験をする機会も多くなるでしょう。

　また休憩時間は、自分の好きなことをして過ごしていい時間です。無理に他者と関わらなければならない時間ではありません。話しかけてきてくれるから無理してそれに付き合う子もおり、結果疲れるのです。周囲の支援者も一人になることを心配し、少しでも周りと協調的に関わってほしいと願うため、その

ような声かけをしてしまいがちです。子どもの視点で考えると一人の時間も必要な時もあります。

　他にも宿題についてもソフトスキルを身につけるために工夫ができます。宿題は、何が目的で出されるのでしょうか。「予習・復習のため」か、「出された課題を決められた期日に提出することを身につけるため」でしょうか？　教科学習の習得に困難さを有している発達障害のある児童・生徒も多くいますが、何とか学校での授業を終えて帰宅してもまた宿題をやらなければならないため、宿題をしなくなってしまう子もいます。

　そういった時には、担任の先生に宿題の目的を確認し、量の調整や難易度の調整を相談することも一つの方法です。その際には、「量を減らすが、丁寧に書くということに重点を置く」とか、「決められた期限までに、少しでも行って提出する」など、目的と具体的なルールを決めてもらい、子どもに伝えることも一つの方法です。

　遊びやセルフケアを行うことが中心である幼児期もそうですが、学童期に入ると教科学習が加わり、子どもたちにとってわからないことが多く生じてきます。特に授業中のわからないことや困ったことに対して「わからない」「困っている」「手伝ってほしい」と言えることは、就労までに身につけておきたいソフトスキルの一つだと思います。

　児童期の子どもたちに対して、学校や療育の場で「わかりません」「てつだってください」などのヘルプカードを使用することを勧められることをよく耳にしますが、カードというアイテムを準備してあげるだけでそれを使いこなし、援助を求めるようになる子もいますが、それだけでは不十分な子も多くいます。

　これをすぐに使えるようになる子どもたちの多くは、幼児期に手伝ってもらうことでの成功体験をしています。裏を返せば、すぐに使えない子どもたちは、それを経験できていないことが多いです。

　"授業中わからない時に先生に援助を求める"という作業を工程に分けると、①先生のいる位置を確認し、②先生を呼び、③困っていることを伝えるといっ

た工程に分解できると思います。先生に助けを求めることができないお子さんの多くは、①の工程は問題がないのですが、②でつまずくことが多い印象です。先生を呼ぶという行為は、その時自分がいる場所と先生のいる場所の物理的距離が関係します。近ければ声をかけやすいですが、遠ければ声をかけにくくなります。声をかけなくとも近ければ、ちょんちょんと先生を触って呼び止めることもできますが、遠ければそれはできなくなります。また、静かに課題を行っている時か、班活動などでディスカッションをしているざわざわした時なのかなど、その時の周囲の様子や作業によっても声のかけやすさは変わってきます。

　"声をかけるのが苦手"という子ども本人の特性もありますが、それがこれまでの経験によって作り上げられていることも多いように思います。困ったときに人に助けを求めるという行為は、それをすることで助けてもらった経験があり、"自分自身が受け入れられている"という相手を信頼する心理的安心感がなければ、助けを求めることはできません。

　ヘルプカードを利用するには、まずはその経験が必要であるため、支援者はまずは、①困っている状況かどうかを判断し、②困っていれば自ら近づき声をかけ、③困っていることが予測できれば「～で困っているの？　それだったら先生を呼んだら手伝いに来るよ」と声をかけ、④実際に子どもの困りごとを援助する（子どもの代わりにすべてをやってしまわない。あくまで子どもたちが、できた経験にするための援助をする）といった支援が、必要になってきます。

　その他にも「約束を守る」など就労の場に出たときに必要なソフトスキルはまだまだありますが、上記も含めたそれらは日常生活の中で工夫をして育むことができるものであるため、支援者みんなで考えを出し合って、特別な時間を設けて行うことなく実践していっていただければと思います。

（倉敷成人病センターリハビリテーション科技士長・
一般社団法人岡山県作業療法士会就労支援特設委員会担当理事・作業療法士）

3 特別支援学校における 進路指導と移行支援

今井　彩

1　一人ひとりのキャリア形成に応じた進路指導を展開

　最近では、地域共生社会の実現に向けた法的な整備が進み、障害福祉サービスや就労支援の充実が図られてきています。そうした背景から、特色ある取り組みをする福祉事業所、ダイバーシティ・マネジメントを導入する企業など、障害がある方が社会の中で活躍できる場所が徐々に増えつつある中で、特別支援学校においても、子どもたちが主体的に自分にとっての「幸せな生き方」を選択・決定していけるような進路指導が求められています。

　私は、子どもたちが自分の「幸せな生き方」を探っていく上で、「仕事観」や「価値観」を形成していくことが大切だと考えています。この「仕事観」や「価値観」は、将来的に自分がどのような役割を果たしたいかといった「役割期待」のことであり、それは「働く人」であったり「余暇を楽しむ人」であったりと、生きていく上で、その人が何を大切にしていくかということです。そういった仕事観や価値観を形成していくことを「キャリア形成」と呼ぶことができます。

　特別支援学校では、子どもたちが主体的に自分の生き方を選択・決定していけるよう、一人ひとりのキャリア形成に応じた進路指導を展開しています。

2　個々の教育的ニーズに応じて、生活上の自立を図る「特別支援学校」

　特別支援学校は、「障害がある子どもに対して、幼稚園、小学校、中学校又は高等学校に準ずる教育を施すとともに、障害による学習上又は生活上の困難を克服し自立を図るために必要な知識技能を授けることを目的とした学校」です。多くの特別支援学校は、一つの学校に小学部、中学部、高等部が併設され、

小学校年代から高校生年代までの子どもたちが通っています。また、就学前の幼稚部や専攻科がある学校、高等部単独で設置されている高等特別支援学校などもあります。

　2007年度までは「ろう学校」「盲学校」「養護学校」と区分されていましたが、障害の重複化や多様化に伴い、一人ひとりの教育的ニーズに応じられるよう、2007年の法改正により「特別支援学校」へと一本化されました。私はこれまで「知的障害を主とする特別支援学校」で15年ほど勤務してきましたが、知的障害と視覚障害を併せもつ子どもや、知的障害と聴覚障害を併せもつ子ども、知的障害と発達障害を併せもつ子ども、知的の遅れがない発達障害の子ども、知的障害もなく発達障害でもないけれど特別な支援を要する子どもなど、多様な子どもたちと一緒に勉強してきました。このような多様な子どもたちの障害特性や発達段階を踏まえた個々の教育的ニーズに応じて、主に生活上の自立を図るための指導や支援を行っていくことが、特別支援学校の大きな特徴です。

③　自立と社会参加の基盤をつくる「自立活動」

　一人ひとりの教育的ニーズに応じ、子どもたちが生活上の自立を図っていくための指導・支援の柱となるのが「自立活動」と言われる指導領域です。自立活動とは、子どもたち個々の障害による学習上または生活上の困難を改善・克服し、子ども自身がよりよく生きていくことを目指していけるよう、それぞれがもつ力や発達段階に応じながら子どもの調和的発達を促す教育活動です。

　自立活動ではICF（P45参照）の考えを念頭に置いて子どもの実態を把握した上で、子どもの自立を目指す観点から指導目標を設定します。指導目標の設定にあたっては学習指導要領に示されている6区分27項目を踏まえて具体的な指導内容・方法を検討し、教育活動全体を通して実施されていきます。

　図1に示すように、自立活動は、障害者職業センターで示している職業準備性のピラミッドにもあるような、職業生活の遂行に必要な諸能力の育成、およ

び不足している能力への合理的配慮の要請をしていく上でも欠かせない指導領域です。

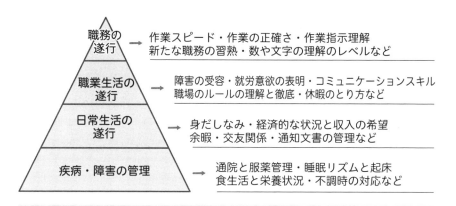

職務の遂行 → 作業スピード・作業の正確さ・作業指示理解
新たな職務の習熟・数や文字の理解のレベルなど

職業生活の遂行 → 障害の受容・就労意欲の表明・コミュニケーションスキル
職場のルールの理解と徹底・休暇のとり方など

日常生活の遂行 → 身だしなみ・経済的な状況と収入の希望
余暇・交友関係・通知文書の管理など

疾病・障害の管理 → 通院と服薬管理・睡眠リズムと起床
食生活と栄養状況・不調時の対応など

1. 健康の保持
①生活のリズムや生活習慣の形成
②病気の状態の理解と生活管理
③身体各部の状態の理解と養護
④障害の特性の理解と生活環境の調整
⑤健康状態の維持・改善

2. 心理的な安定
①情緒の安定
②状況の理解と変化への対応
③障害による学習上又は生活上の
　困難を改善・克服する意欲

3. 人間関係の形成
①他者とのかかわりの基礎
②他者の意図や感情の理解
③自己の理解と行動の調整
④集団への参加の基礎

4. 環境の把握
①保有する感覚の活用
②感覚や認知の特性についての理解と対応
③感覚の補助及び代行手段の活用
④感覚を総合的に活用した周囲の状況に
　ついての把握と状況に応じた行動
⑤認知や行動の手掛かりとなる概念の形成

5. 身体の動き
①姿勢と運動・動作の基本的技能
②姿勢保持と運動・動作の補助的手段の活用
③日常生活に必要な基本動作
④身体の移動能力
⑤作業に必要な動作と円滑な遂行

6. コミュニケーション
①コミュニケーションの基礎的能力
②言語の受容と表出
③言語の形成と活用
④コミュニケーション手段の選択と活用
⑤状況に応じたコミュニケーション

図1 ●職業準備性ピラミッド（上）と自立活動の6領域27項目[4]（下）
※図は引用・参考文献をもとに執筆者作成

4 特別支援学校における進路指導の役割

> 　進路指導は、生徒の一人ひとりが、自分の将来への生き方への関心を深め、自分の能力・適性等の発見と開発に努め、進路の世界への知見を広くかつ深いものとし、やがて自分の将来への展望をもち、進路の選択・計画をし、卒業後の生活によりよく適応し、社会的・職業的自己実現を達成していくことに必要な、生徒の自己指導能力の伸長を目指す、教師の計画的、組織的、継続的な指導・援助の過程である。
>
> 文部省『進路指導の手引―高等学校ホームルーム担任編』日本進路指導協会、昭和58年

　学校卒業後の進路は、その後の生活や生き方に大きな影響があるのは確かです。しかし、卒業後のさらなる成長を願い、子どもたちが自らの意思で、その後の人生を豊かなものにしていけるよう、長期的な展望に立って、将来のために必要な能力の育成や態度の育成を図っていくことが重要だということが、上記に示した進路指導についての解説からも読み取れます。

　冒頭では、『子どもたちが主体的に自分にとっての「幸せな生き方」を選択・決定していけるような進路指導が求められています』と述べました。この『主体的に』というのは、自分の「思い」「願い」を実現できるよう、子どもが自分の意思や判断で行動することに加えて、自分の進路選択に納得することも含まれると考えます。自分の進路を選択していく上で、自分の「思い」「願い」が必ずかなうとは限りません。経験を重ねる中で、自分のことを知り、理想と現実を摺り合わせて、納得できる選択をしていくことも必要になってきます。

　しかし、知的障害や発達障害がある子どもの場合は、課題達成に必要な条件を理解していなかったり、自分の課題の成否を予測することが難しかったりすることから、現実と理想がかけ離れてしまう恐れがあります。子どもが抱く「理想の姿」から、子どもが好きなことや得意なことを掘り下げたり、理想をかなえるために必要な事柄を理解できるよう、少しでも体験する機会を設けたりす

るなど、その子が「やりたいこと」をより現実に即して考えられるようにしていく支援を丁寧に行うことが、特別支援学校の進路指導で大切にしたいことです。

　できるだけ子どもが「やりたいこと」を経験できる場を設け、その行動を見守り、うまくいかなかったことや成功したことを、本人にしっかりとフィードバックしていくことで、子ども自身が「好きなこと」「嫌いなこと」「得意なこと」「苦手なこと」「できること」「人の助けが必要なこと」などについて、自分への理解を深めながら、「幸せに生きる方法」を探っていけるようになるのではないかと考えます。

⑤　現場実習を柱とした進路指導

　多くの特別支援学校では、商店や企業、農業、市役所等の公的機関、福祉事業所などで、一定期間、中学部や高等部の子どもたちが働く活動に取り組み、働くことの大切さや社会生活の実際を経験する教育活動として「産業現場等における実習」（通称：現場実習）を実施しています。現場実習は、実社会や職業との関わりを通じ、実際的な知識や技術・技能に触れることで、社会人として自立していけるよう、子どもたちが自分の職業適性や将来設計について考える貴重な機会です。

　今井・前原（2023）は、図2で示すように、特別支援学校における進路指導は、現場実習のフィードバックを要としながら「進路学習」「現場実習」「進路相談」が相互関連的に組織され、実践展開していると示しています。現場実習での経験を効果的に子どものキャリア形成へとつなげるために、現場実習後、教師は本人や保護者と一緒にフィードバックを行っていきます。

　フィードバックでは、本人がどのような仕事ができたか、どのような仕事が苦手だったのか、どのような助けがあるとスムーズに仕事ができたのか、実習先の人とコミュニケーションはうまくとれたのか、生活面での課題は見られなかったのか等、子ども自身が職業に関する自己理解を深めながら、自分の適性に合った仕事について考えられるよう進路面談を行います。

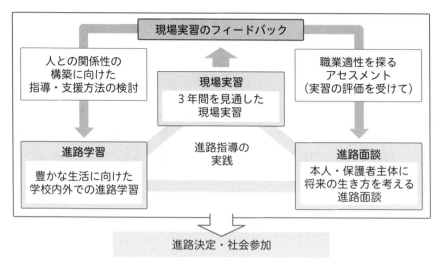

図2 ●現場実習を中心とした進路指導の展開[5]

　そして、現場実習で得られた経験から、その後の学校生活や家庭生活の中で、どのようなことを目標において行動していくことが自分には必要かを、子どもが自ら考え、行動できるよう進路学習を通して支援していきます。また、教師や保護者は、実習先から得られた評価や本人の様子等から、学校や家庭では気づくことができなかった、社会生活上の配慮事項について知ることで、学校生活や家庭生活において、より適切な指導・支援の方法のあり方を検討していきます。

6　子どものキャリア形成に応じた現場実習の進め方

　高等部段階では、図3のキャリアデザインとステージの流れ（森脇,2011）に示すように、子どものキャリア発達に応じながら、3年間を見通した段階的な現場実習を実施することで、生徒が自分なりの働く理由を見つけ、卒業後の生活についての具体的なイメージをもてるようにしています。
　スーパーは、生涯を通じた一連のライフステージが、成長段階（0 〜 14歳）、

1ステージ　仕事への興味や関心を高める実習

- 導入実習➡グループでの短期間の実習
  - 働くことへの馴染み　・基本的なマナーの習得
- 情報活用にかかわる実習➡身近な職種職域、多岐にわたる作業工程
  - 働くことに自信や生きがいをもつ　・さまざまな職種や職域を知る

2ステージ　2週間以上の個別の課題に応じた実習

- 自己理解にかかわる実習➡さまざまな職種を経験、遠距離通勤を経験
  - 自分の得意・不得意、課題がわかるようになる

3ステージ　将来、就労の可能性がありそうな職場での実習

- 意思決定にかかわる実習➡就労先を決めるために必要なことを学ぶ
  マッチングや就労先の方向を探る・試す
  - 自分の課題に向き合いその解決を図るようになる
  - 自己アピールしたり、目標に向けてキャリアアップを図ったりする

4ステージ　キャリアアップと移行に向けた環境調整を図る実習

- 雇用を見据えた長期実習➡できること・できないことを整理する
  勤務シフトを想定する
  - よりよい選択をし、職場や仕事に順応できるようにする（支援体制を整える）

図3 ●キャリアデザインとステージの流れ[2]
※図は引用・参考文献をもとに執筆者作成

探索段階（15 〜 24歳）、確立段階（25 〜 44歳）、維持段階（45 〜 64歳）、解放段階（65歳以上）という5つの段階で構成されていることや、それぞれの段階における発達課題があることを示しています。

　学校教育期間は、このライフステージでいう成長段階と探索段階が相当します。図3に示したキャリアデザインとステージの流れは、探索段階における発達課題に対応する形になっていますが、学校卒業後も子どもたちはまだ探索段階にあります。学校卒業時の進路をゴールと捉えるのではなく、生涯にわたる人生の通過点として捉え、学校卒業後も成長し続けること、未来にはまだいろいろな可能性があるということを視野に入れ、本人の「思い」「願い」を支援

してくれる支援機関の方々とのつながりを在学中に築いていくことが大切だと考えます。

7 **特別支援学校高等部卒業後の進路の選択肢**

　特別支援学校高等部卒業後の進路は、大学への進学や教育訓練機関等への入学、就職、社会福祉施設などへの入所および通所などが挙げられます。2019年度の文部科学省による学校基本調査では、図4に示すように大学への進学者が全体の2.0%、教育訓練機関等への入学が1.6%、就職が31.2%、社会福祉施設などへの入所および通所が61.1%、その他が4.1%となっています。2021年度の調査では就職者が31.7%となっており、年々わずかではありますが就職者の割合が増加している傾向です。

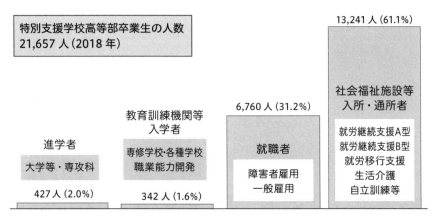

図4 ●特別支援学校高等部卒業者の状況[6]
※図は引用・参考文献をもとに執筆者作成

8 **進路希望決定後の手続き**

　進路指導は、基本的に担任の先生が中心となって行います。図2にあるように、高等部段階では現場実習を中心に、進路面談を通して本人と保護者の希望

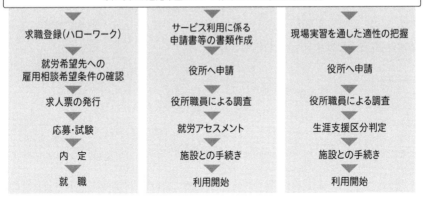

一般就労の手続き	就労継続支援 B 型利用の手続き	生活介護利用の手続き
それぞれの進路希望について、担任にその意思を伝える。		
▼	▼	▼
求職登録(ハローワーク)	サービス利用に係る申請書等の書類作成	現場実習を通した適性の把握
▼	▼	▼
就労希望先への雇用相談希望条件の確認	役所へ申請	役所へ申請
▼	▼	▼
求人票の発行	役所職員による調査	役所職員による調査
▼	▼	▼
応募・試験	就労アセスメント	生涯支援区分判定
▼	▼	▼
内　定	施設との手続き	施設との手続き
▼	▼	▼
就　職	利用開始	利用開始

図5 ●進路希望決定後の流れ[7]（自治体や学校によって多少異なる場合もあります。）

や適性の確認、課題の整理、教育的ニーズの再検討を繰り返し行い、進路選択・進路決定をしていきます。進路希望先が決定した場合は、図5に示すような手続きを行っていきます（各自治体、市町村によって進め方は異なるかもしれませんが、著者が所属する学校では、図5に示すような流れで手続きを進めています）。

9 「幸せに生きるための学び」を考える

　子どもたちの進路について考えていくときに大切なことは、「どのような仕事に就くか」よりも、子どもがやりがいを感じられることや、楽しいと思っていることをたくさん見つけることではないかと考えます。そして、子どもたちがさまざまな人と関わりながら、いろいろなことに挑戦し、失敗や成功、葛藤や喜びを感じながら、青春を謳歌できるようにすることが、豊かな生活の基盤を形成していくのではないかと考えます。

　ここでは、お子さんの特別支援学校への進学にお悩みの保護者の方、もしく

はそのようなご家族を支援している方に、あくまでも「生き方」の選択肢の一つとして特別支援学校があることを知っていただきたいと考えました。「障害がある＝特別支援学校」「障害者雇用＝特別支援学校」ではなく、各特別支援学校における教育活動が、お子さんにとって「幸せに生きるための学び」を提供できる場所なのかどうか、考える参考にしていただけると幸いです。

（秋田大学教育文化学部附属特別支援学校）

［引用・参考文献］
1　渡辺三枝子編著（2018）『新版キャリアの心理学（第2版）キャリア支援への発達的アプローチ』ナカニシヤ出版、44-47
2　森脇勤（2011）「高等部職業学科がキャリア教育に求めるもの」『特別支援教育充実のためのキャリア教育ガイドブック』ジアース教育新社、245-247
3　松為信雄（2021）『キャリア支援に基づく職業リハビリテーションカウンセリング──理論と実際』ジアース教育新社、112-113
4　文部科学省（2019）『特別支援学校教育要領・学習指導要領解説　自立活動編（幼稚部・小学部・中学部）』ジアース教育新社、56-80
5　今井彩・前原和明（2023）「特別支援学校（知的障害）における生徒のキャリア形成に寄与する教育実践」『秋田大学教育文化学部実践教育紀要』45
6　文部科学省（2018）「学校基本調査」、https://www.mext.go.jp/content/20200428-mxt_tokubetu01-000004454.pdf、2023年3月25日
7　秋田大学教育文化学部附属特別支援学校（2022）『進路あんしん情報ガイド』秋田大学教育文化学部附属特別支援学校

4 特別支援教育での関わりとそれから

金田真砂予

1 ASDのサトシさんとの出会い

1）青年になったサトシさんとの再会

　サトシさんは、現在30歳となり、地方公共団体の正社員（障害者雇用枠）で働いています。私は、特別支援学級の担任として、小学校5、6年の2年間を共に過ごしました。

　2022年、日本LD学会の自主シンポジウムで、成人したサトシさんと共に登壇し、当時の私の関わりについて、本人から感想をもらえる機会を得ました。サトシさんとの出会いは、私にとって、とても大きなものでした。教員はその子の人生のほんの数年間関われるのみです。指導したことがよかったかどうか、答えは、その子どもが大人になるまでわかりません。その上、サトシさんとの関わりは、本当にその時その時に、できることを試行錯誤しながら行ったもので、私は、実はあの2年間が果たしてよかったのかどうか、できることなら、成人した彼に聞いてみたいとずっと思っていました。その望みがかなって教員生活の最大のご褒美だと思っています。そして、彼と共に学んだことを、今も毎日子どもたちと向き合う中で大事にしています。

2）試行錯誤の小学校特別支援学級での関わり

　サトシさんを知ったのは彼が小学校中学年の頃。集団不適応のため、よくパニックを起こし、保健室でクールダウンしていました。4年生で発達障害の診断を受け、5年生の時に新設された情緒障害の特別支援学級に入級。ちょうど「特殊教育」から「特別支援教育」への移行期。情緒学級の指導は初めてであった私は、毎日が試行錯誤でした。ただ、在籍数2名でわからないなりに、がっぷり四つに組んでの指導を行うことができたことは幸いでした。

当時のサトシさんの願いは「普通になりたい」で、強いこだわりをもち、超完璧主義。「ちゃんとできる」ことに強い価値観をもっていました。通常学級ではない自分を受け入れられず、始業式の日から大荒れでした。学習では、漢字ドリルの文字が少しでもバランスが崩れれば、書いては消すを繰り返し、興奮状態からパニックになることもしばしばでした。将棋やゲームを通じて同級生と関わっても、負けることを受け入れがたいうえ、友達の行動が自分の意にそぐわないと、興奮してつかみかかる状態で、学校行事への参加もサポートしながら部分参加できればよしという感じでした。岡山大学で巡回相談をされ、現在も岡山県内をはじめ全国の幼稚園、保育園、小学校、中学校などの授業改善や教育環境の向上のために教職員への訪問指導を行っている佐藤暁先生に「かなり難しいケース」と言われました。小学生の彼と、時にはつかみ合いのバトルをしながら試行錯誤して過ごした私には、彼がどのように成長して、どのような大人になっていくのがよいのか、自分が今できることは何なのか、正解など見えないまま、とにかく彼ときちんと向き合うことに必死でした。

　いろいろな支援を試みましたが、「できない自分」「支援を受ける自分」を受け入れることに葛藤し、不安定になり、水筒のお茶がこぼれたことから「こんなことが起こるのはおかしい」とパニックを起こし、最後には「自分の存在を消したい」と言ったこともありました。5年生の1年間はパニックを起こしては、いろいろな対応を考えつつクールダウンし、その出来事についてサトシさん本人と話し合うことを繰り返しました。3学期は一時、まったく集団参加ができなくなり、別室に一人ひきこもった時期もありました。そういう時期を経て、6年生の2学期からは支援学級と交流学級をうまく選択しながら過ごすことができ始め、修学旅行・卒業式と同級生と共に参加することができました。

3）中学・高校〜いろいろなサポートを利用する〜

　中学校でのサトシさんは、小学校とはまた違う学校生活に、さまざまな葛藤を繰り返し、個別対応の時期も経て、通信制の高等学校へ進学しました。中学・高校の時期は当時、岡山東支援学校のコーディネーターで、現在は「赤磐市子ども・障がい者相談支援センター」副センター長の濱田敏子先生に、家族や学校などの

人間関係の悩みやいらだちを相談し、サポートしていただいたそうです。

4)「僕は、僕として生きる」

　今、障害者雇用枠で働く青年サトシさん。「僕は、僕として生きる」という決意を語ります。前向きにがんばるステキな大人に成長した彼を見ると、小学校の２年間で、役に立った支援もあったのかな。その中でよかったのではないかと思えることを振り返ってみようと思います。

② 　信頼できる大人に出会う

　まず、一つ目は「信頼できる大人に出会うこと」です。混乱し、しょっちゅうパニックを起こし、感情の起伏が激しい状態でも、きちんと向き合ってくれる大人に出会い、その人たちを信頼して、サポートを受けながら少しずつ進んでいけたことは、Ｂさんには大きな宝であったと思います。

　「きちんと向かい合う」とは、まず、本人の中の不安・混乱・怒りの感情などを、本人を否定せず受けとめます。暴言・暴力などの荒れた自己表現について、いけない行為自体は叱る。しかし、その裏にある思いは受けとめ、共感するということ。この整理はなかなか難しいです。パニックを起こすような時は、だいたい自分の正義を主張しているのですが、超主観的な理屈の上、やっている行為自体は暴言・暴力なので、多くの場合、その行為を制止され、謝るように言われます。そうすると、だいたいヒートアップして泥沼です。

　なので、本人の感情に引きずられないよう冷静に、できるだけ穏やかに対応することを心がけました。ただし、「命に関わること、自分や他人を傷つけること、ものをこわすこと、友達の学習の邪魔をすること、うそをつくこと」は、先生は怒ると、平常時からいつも言っていたので、そのことについては大きな声で一喝し、まず行動を止めました。そのあとは、できるだけ穏やかに声をかけました。ですから、当時は、怒っているサトシさんににこやかに語りかけたら「なに、笑っているんですか！」と叱られたこともありました。しかし、成人してから、「大きな声で怒鳴ったり、同じテンションでやり合ったりせず、

さらっと声をかけてもらうのがよい」と当時を振り返ってくれていたので、やはり正解だったのだと思います。

　まずは危険回避してクールダウン。落ち着いてから振り返りをしました。本人に共感しつつ、感情的にならず論理的に、その行動の可否・善悪・適不適・メリットやデメリットなどを理由も明確にして伝えるようにしました。言葉では消えてしまうので、コミック会話のような文字にして、実際の言葉や行動のやりとりを明確にしました。その裏にある気持ちや意図を説明し、どこが非合法的だったか、そこには×をつけ、どうすれば、より自分の思いがきちんと伝わるか、自分の思いにそった結果が得られるかを一緒に考えていきました。(資料1)

　といっても、はじめのうちは「どうせ俺が悪いんだろう！」「あんな奴らと一緒にできるか！」と否定的だったので、合法的に（悪口や暴言にならずに）

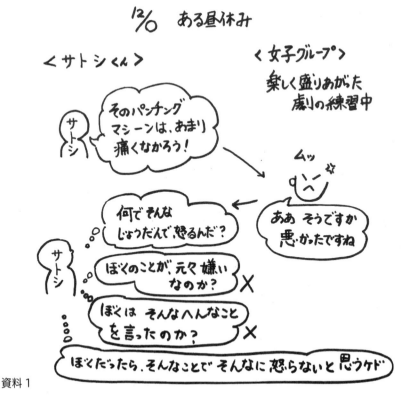

資料1

自分の気持ちを伝え、可能な限り穏やかに折り合える方法をいくつか選択肢として示し、選んでもらっていました。文字にすることで理解しやすく、目に見える形でためていける上、興奮していても文字に集中することでクールダウンも早くなる利点もありました。

　そして、具体的に「嫌いな人に挨拶されたら、会釈だけしてすぐ離れる」などと、自然と身につけることのできにくいスキル、とるべき行動を示しました。感情のコントロールをうまく行うための、ソーシャルスキルトレーニングというものです。将棋はしたいのですが、負けると腹が立つ、また、相手のちょっとした言動にもすぐ引っかかる。「将棋でぼこぼこにやっつける」と「実際に、悪口を言ったり手を出したりして、やっつける」が一緒になってしまうので、認められることと認められないことを整理して、確認してから、友達と将棋を指すようにしました。

　このように、本人があまり無理をせず、できるだけ上手に適応するための方法を一緒に考えていくことを繰り返しながら、実際うまくいったことを「よくやった。すごいね。よかったじゃん」とフィードバックすることで、自分の思いや考えを相手に伝えることができるようになり、こちらからのアドバイスも受け入れることが少しずつできるようになっていったように思います。

　こういう積み重ねの中で、「自分が信頼して相談できる大人がいる」と思えるようになることは、とても大切です。今も毎日小学生と向き合っていて、周りの大人を信頼していない子どもへの支援はなかなかうまくいきません。「愛着障害」という言葉を最近よく耳にしますが、周りの大人との関係を上手につくり、前向きなやりとりができるようにすることは、まず一番に支援の土台づくりとして必要であると思います。

③　環境調整

　土台ができて、支援を進めていく時には、環境調整も大切です。学齢期は、まだ、自分を客観的には把握できていないので、支援者が、環境調整をしていきます。暑さ寒さや疲れ、騒音などの苦手な部分は、ナーバスになっている時

ほど影響が大きいので、あらかじめコントロールしていきます。例えば、来た
くない学校に登校してきて教室が暑かったら、まず悪態をつくところから1日
が始まりますから、教室を冷やして、昨日つくりかけていたポケモンのおりが
みの本をさりげなく置いておく。これだけで、1日のスタートが変わります。

　そして、優先順位をつけることも大事です。全部やりたいとか、したいこと
だけしかやらないとかに流れがちなので、ある程度可能な範囲で、するべきこ
とをして、したいこともできるようなお膳立てを考えて提示します。ポケモン
のおりがみの前に「まず、提出物、ランドセルの片づけ、係の仕事をしてから
ね」と声をかけ、ゴールにご褒美を提示してルートを示す。もちろん実行可能
な内容であることが前提です。Bさんは、何でも「みんなと同じように」した
かったので、行事の前には話し合って、スケジュールや選択肢を提示し、あら
かじめ、目指すことを決めておきました。

　これ（資料2）は6年生の運動会に向けて夏休みに話し合った時の資料です。
今できていること・苦手なことを示し、「ここまでできたら合格」「こういう方

資料2

法もOK」とあらかじめ示し、達成感をもって成功体験を積み重ねることができるようにしました。また、環境としては人間関係も大きく行動に影響するので、その時のコンディションやかかる負荷も考えて、意図的につないだり、遮断したりしました。また、周囲の同級生をきちんと認識できていない場合も割とあるので、顔と名前を明示して整理してあげることも必要であったりします。

4　自尊心と自己有用感を育てる〈学童期〉

　ここまで、学齢期に必要と思われる支援の話をしてきましたが、その目的は「自尊心と自己有用感を育てる」ことです。ともすれば、非定型発達であることで、叱られたり挫折したりという体験が多くなります。サトシさんの場合は「普通になる＝みんなと同じ定型発達」を目指そうとしてムリがあり、「自分はおかしい」「消えてなくなればいい」と言っていたこともありました。これでは前向きに進むことはできません。

　教員向けの特別支援教育の研修会でサトシさんに登壇してもらったことがあります。「小学校の時、どんな言葉をかけてもらいたかったか」という質問に、「『あなたは、あなたのままでいい』と言ってもらいたかった」と答えられました。本当にその通りだと思います。「あなたのここがいい」「こうやればできる」「こんなことができていてすごい」などきちんと伝えて、受けとめてもらえるよう、成功体験を積み重ねていきたい。そのためには、個々に合わせ、達成可能なスモールステップの課題設定が必要であると思います。

5　情緒の安定と自己理解〈思春期〉

　思春期に入ると、ただでさえ、葛藤する時期なのに、さらに受験に向け学習への負荷も増してきます。この時期のサトシさんを支えた濱田先生にうかがったところ、当時の彼は「自分以外はすべて敵。相手に怒るか自分を卑下するか、その結果、相手やものを攻撃するか、くよくよ悩むか」を繰り返していたそう

です。そんな中でも、将来に向けて進んでいくため、夢を持ち続けるために、次の点を大切にしてサポートされたそうです。

　まず、情緒の安定を図ること。そのために、身の回りのいろいろな出来事の折り合いのつけ方を知ることが大事です。当時、ご家族との関係に悩み「家出したい」というサトシさんに「家出応援シート」（家を出て自立して暮らすための応援シート）を提案して、一緒につくりながら、今やるべきことを明らかにしつつ、荒れる心を納めるための折り合いのつけ方を、考えていったそうです。

　と同時に、自己理解を進めていくことも将来に向けては必須です。職場体験に向けての「サポートシート」や受験の面接時の自己紹介文などを、濱田先生にアドバイスしていただいて、一緒につくっていく中で、自分の長所やできること、また、苦手な部分とその対応策を客観的に見つめることができました。そして、常に襲われる将来に向かっての不安を少しでも軽減し、「あなたは、あなたのままで大丈夫！　こんなよいところがあって、苦手なところは、こんな方法でカバーできる」というサポートを継続していき、サトシさんは高校の頃には、月に一度程度、困ったときや悩んだときに濱田先生に電話をして、相談することができるようになったそうです。

6　あなたは、あなたのままでいい。

　一番彼らが欲している言葉は「あなたは、あなたのままでいい」。その人が、その人なりにがんばっていける道や方法を、一緒に考えていってください。そして「これでいい」と思えるためには、やはり成功体験が必要です。ちりも積もれば山となる。必ずその貯金は将来、役に立ちます。そのためには個々に応じた実行可能なスモールステップの課題を用意することです。

　例えば、漢字をみんなが５回書くなら、まずは１回から。なぞるだけでもいい。鉛筆が難しいならホワイトボードで。それもムリならタブレットで。できるところから始める。でも必ず、少しずつステップアップできるはずです。そして、「漢字５回書けない＝０点」という評価ではなく、「ホワイトボードから鉛筆で書ける

ようになった」「1回だったのに3回書けた」というのは進歩、「-10点から-5点へは5点アップ」です。支える私たちが、少し発想を変えるといいと思います。

　そして、いけないことは、できるだけ小さいうちに、きちんと教えてあげてください。叱る理由をきちんとわかりやすく示し、一貫性をもって、穏やかに示す。そして、当たり前にできたことをほめる。それが「正しく叱る」ということだと思います。毎日のことで、幼児期の非定型発達の子どもたちへの対応は、大変だと思うのですが、感情的にぶれて叱っていると、子どもたちは「何がいけないのか」わからなくなってしまいます。そして、叱るのはその行為であって、子ども自身の人格ではありません。何がどうしていけなかったのかを教え、どうして、そうしてしまったのか、彼らの思いを理解し、どうすればよかったかを一緒に考えてあげてください。そして、次にうまくできたとき、うまくできなくてもそうしようと努力したことをしっかり認めて、ほめてあげてください。

　正しくない叱り方を積み重ねていった子どもは、著しく自尊感情が低くなり、差し出された支援の手を取ろうとしなくなります。しかも、非定型発達の子どもたちはある意味、異文化圏にいる感じで、彼らの常識は私たちの非常識であったりします。でも、互いの文化を知り、尊重し合えばわかり合える。そのためには、接する私たちにも、ものの見方の幅の広さが必要です。だから、支援する私たちにも、心のゆとりや、相談できる相手、協力体制が必要です。どうか、みんなで手を取り合って、チームで支え合ってください。

　最後に、とにかくあきらめず根気強く関わりを続けてください。「何回いっても同じなんです」「お母さん、10回20回じゃあ、残念ながらムリです。100回、200回、あちらが根負けするまで、ねちねち関わり続けましょう！　手間のかかる花ほど、個性的な大きな花が咲くかも。あきらめたら枯れますし。確実に成長していますよ。一緒にがんばりましょう！」

　子どもたちを支えるみなさまに送るメッセージであると共に、自分も常に肝に銘じて、今のサトシさんの姿が希望の光として、また明日から頑張っていこうと思います。

（岡山市立芳田小学校）

知的障がいがあるとされる子どもたちの学びの形や働き方をアップデートしよう

真鍋陽子

　知的障がいがあるとされる子どもたちは、教育からも療育からも医療からも「将来的な自立のために」というかけ声のもと、義務教育初期段階から自立支援カリキュラムを組まれています。けれども人生100年時代と言われている今、それでなくても人よりゆっくり発達する子どもたちが通常発達の子どもたちと同じ、もしくはより早いタイミングである18歳における就労に向けて日々、生活訓練や作業訓練中心の学校生活を強いられていることに、非常に違和感をもっています。

　しかもその「訓練」には、障害者差別解消法による合理的配慮やICTの活用が十分に行われているといった、これからの社会に対応しているとは言いがたいものもあるのでは？

　高校卒業後、18歳から利用できる就労移行支援、就労定着支援など、事業所の学びと就職後のサポートを含めれば、5年半もの時間的な余裕のある制度が整っている今、知的障がいがあるとされる子どもたちの学びは、制度ができる以前の18歳までのカリキュラムとはまったく違ったものになることが必要です。今ある「当たり前」が「当たり前でなくなる」ための社会環境整備や福祉制度は、すでに社会に実装されているのだと、もっとたくさんの人に知ってもらいたいです。

　ロボットによる肉体労働、事務労働、知的労働割合が増えてくるこれからの社会をイメージすること、かつ18歳から利用できるさまざまな福祉事業制度の内容や役割がもっと広く認知されていくことで、知的障がいがあるとされる子どもたちが強いられている単純作業労働のための学習割合はもっと少なくてもよいケースが出てくるはずです。

　さらに言うなら、知的障がいがあるとされている子どもたちこそ、もっと人間にしかできない、より人間ならではの生活や幸せというものに重きを置いたカリキュラムが必要な時代になってきていると言えるでしょう。

（笠岡市議会議員）

5　教育から労働分野への移行

宇野京子

① 学校における合理的配慮について

　2016年の「障害者差別解消法」の施行により、現在ではどの学校において
も特性・障害のある子どもたちに必要な「合理的配慮」を提供することが求め
られるようになりました。合理的配慮とは、障害のある児童生徒が、学校教
育を受ける上で生じる障壁をなくすために必要な変更および調整を行うことで
す。その実施にあたっては、学校側にも過度な負担がない範囲で個別に対応し
てもらうというものです。合理的配慮を継ぎ目なくつなげていくために、特別
支援学校高等部などでは、自分の特性理解や配慮事項を職場実習や就職先へ提
出する書類（就労パスポートやナビゲーションブックなど）を作成する取り組

表1 ●配慮事項の書き方の例

	苦手なこと	自分で対処していること	周囲に理解・配慮してほしいこと
作業面	口頭だけの指示では、聞き逃したり、認知の違いがある。	メモをとり、書いた内容を確認してもらう。	写真入りのマニュアルがあると、安心して作業ができる。
コミュニケーション面	困っていることを相手に言葉で伝えにくい。	困っていることを、メモに書いて伝える。	新しい作業や以前した作業でも時間が経つと手順を忘れていることがある。作業のはじまりと途中に確認と声かけをお願いする。
思考・行動面	急な予定の変更があると混乱する。	朝一日のスケジュールを確認して、不安がある時には早めに調べて行動をするようにしている。	先の見通しがもてると安心する。変更がわかった時点で教えてほしい。一度覚えたルールが変更になると、間違いやすいので作業が間違えていないか確認してほしい。

みが行われています。これは、セルフ・アドボカシー（自己権利擁護＝自分に必要なサポートを自分で周りの人に説明し、理解してもらうこと）の促進にも役に立ちます。

　合理的配慮の具体的なイメージが湧かないという方も多いかもしれません。学齢期であれば、学校生活全体に関わってくるかと思います。授業やテストの受け方、学校行事の参加の仕方、さらには昼食や排泄、友だちとの関わり方など、さまざまな場面が想定されます。また、その困りごとに対する配慮の受け方も特性や状態によっていろいろな手段が考えられます。

　特に、義務教育から高校、高校から大学等へと移行していく際には、行き違いを防ぐためにも「誰が」「どの時期に」「どのようにして」進学先へ引き継ぐのかを明確にしておく必要があります。文部科学省や日本学生支援機構では、障害学生の支援事業を行っており、ホームページでは発達障害等のある学生への支援事例も載っていますので内容について参考にしてみてください。

　近年、話題になっている知的に遅れがない高機能自閉症の人の中には、大学へ進学をしてから自分の特性に気づき、心療内科へ通院している人もいます。高校までは決められた授業の時間割や年間行事が示され、先生や友人の行動を真似ることで対応してきたことも、大学では主体的に計画し行動することが求められます。期日までにレポートを提出できなかったり、就職活動を一人でできず、ひきこもりになる人もいます。親元を離れ一人暮らしを始めたことがきっかけとなり昼夜逆転したり、支払いの見通しがもてずに保護者のクレジットカードで散財をしたり、課金ゲームに没頭したという話はよく耳にします。

　子どもから大人へと移行していく過渡期では、本人はもちろん保護者も日常生活で抱える困難さのどこまでが性格か、障害によるものなのかの判断が難しい場合もあると思います。それまでの教育課程において、特別支援教育や福祉制度を利用していた人の場合は「個別支援計画書」や放課後等デイサービスでの「障害児サービス提供計画書」などを学校へ示すことができます。しかし、気づきが大学進学時などであれば、主治医の意見書などを活用することになります。合理

的配慮は、申し出を行う当事者と受け手となる学校関係者との「対話の積み重ね」を重視します。本人の申し出が前提ではありますが、特性がゆえに困り感があっても状況を言語化できなかったり、具体的な要望を整理することが苦手な場合もあるかと思います。そのような場合は、保護者が本人の意思表明を補足する役割として関与することは必要なことかもしれません。

しかし、ここで強調してお伝えしたいことは、障害特性から生じる困りごとと「わがまま」を混同しているケースの相談も増えてきています。ASD特性の診断をもつ看護師を目指す学生が、急性期病院で実習をする際、院内を一人で移動するのが苦手なため現場移動をする際は誘導者をつけてほしいと申し立てた場合はどうでしょうか。教育実習とはいえ、病院であれば、本業務である患者対応が優先されるため過度の負担とみなされる場合もあるかもしれません。教育実習の目的には、職場環境を理解し体験的に職業人として自立的に稼働できるかを自ら学ぶ機会であることを理解することも大事なことだと思います。

② 教育から労働分野へ──障害者雇用枠と移行期等に相談できる機関

「学校から仕事・社会（労働分野）への移行」は、人生の大きな転換期の一つではないでしょうか。青年期は自我同一性、すなわち「アイデンティティ：自分が何者であるか、何のために生きるか」を探し求める時期でもあります。キャリアというと障害者は関係ないと思われがちですが、当然ながら障害者自身に、本人にとって譲れない価値観からご自身のライフキャリアを意識していただくことが大切です。人は自分の存在意義や家族との関係から、また障害や疾病治療を通じて内省し思考錯誤しながら、自分らしさや働き方を追求していくように思います。

特別支援学校は、心身に障害を持っていたり、大きな病気を患う児童生徒が通う学校です。そのため高等部の科目の中で、高等学校にはない「職業」という科目があります。文部科学省では、職業の科目を通して「勤労の意義について理解するとともに、職業生活に必要な能力を高め、実践的な態度を育てる」

という目標を掲げています。そのため特別支援学校高等部には、就職および福祉的就労への進路指導のノウハウがあり、その点は相談しやすいと思います。

　障害のある人が就労の機会を得るための一つの方法に、障害者手帳の取得者に向けた障害者雇用枠があります。国は、民間企業・国・地方公共団体に対して、「障害者の雇用の促進等に関する法律（障害者雇用促進法）」によって、障害のある人の雇用割合が設けられています。この法律により、ここ10年で法定雇用率は0.5％上昇し、実質雇用者数は1.5倍に増えています。そして2023年1月、労働人口の減少と精神保健福祉手帳取得者の増加という社会的背景から、1976年に障害者雇用制度が導入されてから最も大きな引き上げ幅が決定しました。

　ハローワークでは、求人票は一般枠と障害のある人向けの求人（障害者雇用枠）とに分けられています。障害者手帳を持っている人を対象とした障害雇用枠の求人票には、一般雇用とは異なる労働条件や勤務時間、就業場所の環境等が明記されています。求職者の中には、仕事の中で精神障害を発症して、休職後以前の職場へ復帰したり、退職後以前と同様に一般雇用枠で就職を果たしても、「働き続けることが難しい」と感じて、ライフキャリアの見直しから障害者雇用枠で働く人もいます。その場合、求職者が就職活動をする際に、まず疑問に感じるのは、障害を開示するメリットとデメリットではないでしょうか。障害の開示・非開示のメリット・デメリットは、表2のとおりです。

　ハローワークでは、教育から労働分野へ移行する際、特別支援学校との連携はもちろんのこと、近年では普通高校や通信制高校に在籍している生徒の担任教師や保護者からの相談も増えつつあります。教育から労働への円滑な移行の阻害要因として、教育サイドと雇用（就労支援）サイドの担当者の知識等に差異があることが考えられます。

　その狭間を埋める場として、地域には障害のある人の地域生活を支援し、自立と社会参加を促進するための中核的な役割を果たす場「障害者自立支援協議会」があり、支援の対象年齢や課題に応じて部会が分かれて活動をしています。私が勤務する岡山市の自立支援協議会のなかには、就労支援部会があり"働く

表2 ●障害開示のメリット・デメリット

	開示	非開示
メリット	・定着支援制度などを活用できるため職場定着率が高い。 ・障害を隠しているといった心理的負担がない。 ・能力や理解度に合わせた業務を検討できる。 ・体調に合わせて業務量を調整してもらいやすい。 ・通院等の相談がしやすい。 ・採用後の心理的負担が少ない。	・障害者手帳を必要としないため、多様な求人から選択できる。 ・「障害者」という先入観をもたれない。 ・給料や昇格等、一般枠の人と差がつきづらい。
デメリット	・給料や昇格等に差がつく（パートから正社員転用がない）。 ・正社員求人が少ない。 ・職務が限られる（知識や経験が活かしづらい）。 ・業務量が少ない。	・高いスキルや成果を求められるため、体調不良になりやすい。 ・業務を自立的に進めることが求められる。 ・通院、服薬がしにくい。 ・障害を知られないかと常に不安がつきまとう。 ・複数の人から業務指示を受けることや、同時並行で業務を遂行することが求められる。

こと"に迷った時に矢印に沿って進んでいけば自分にあった相談窓口へつながれる「相談先たどりつきチャート」（図1・次ページ）が作成されました。

　障害者雇用枠で働くためには、障害者手帳の所有が必要となります。障害者手帳には、身体障害者の場合は「身体障害者手帳」、知的障害者の場合は「療育手帳」、発達障害などを含む精神障害者の場合は「精神障害者保健福祉手帳」と、3種類があります。診断があっても障害者手帳を持っていなければ、原則一般枠での就職活動を行うことになります。どのような働き方を選択するか迷う時には、ハローワークの障害のある人向けの専門窓口（専門援助部門）や、学校の進路指導の教師、大学等の障害学生担当部署やキャリアセンター等で情報収集をした上で働き方を決定していくのがよいでしょう。表3（P91）は、無料で支援が受けられる公的機関です。

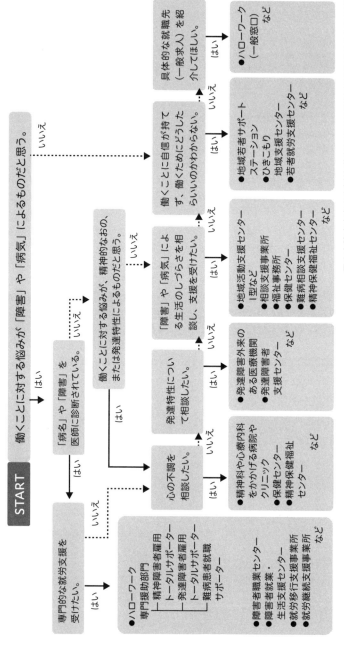

図1●相談先たどりつきチャート

これから働くことを考えている方
「働く」ことに悩みを感じている方の

相談先たどりつきチャート

自分にあった相談先はどこか、迷った時に参考にしてください。

START

働くことに対する悩みが「障害」や「病気」によるものだと思う。

いいえ

専門的な就労支援を受けたい。

はい
- ●ハローワーク
  専門援助部門
- ●精神障害者雇用
  トータルサポーター
- ●発達障害者雇用
  トータルサポーター
- ●難病患者就職
  サポーター

いいえ
- ●障害者職業センター
- ●障害者就業・
  生活支援センター
- ●就労移行支援事業所
- ●就労継続支援事業所　など

はい

「病名」や「障害」を医師に診断されている。

はい

働くことに対する悩みが、精神的なものや、また生活は発達特性によるものだと思う。

はい

心の不調を相談したい。

はい
- ●精神科や心療内科
  をかかげる病院や
  クリニック
- ●保健センター
- ●精神保健福祉
  センター　など

いいえ

発達特性について相談したい。

はい
- ●発達障害外来の
  ある医療機関
- ●発達障害者
  支援センター　など

いいえ

「障害」や「病気」による生活のしづらさを相談し、支援を受けたい。

はい
- ●地域活動支援センター
  I型など
- ●相談支援事業所
- ●福祉センター
- ●保健センター
- ●難病相談支援センター
- ●精神保健福祉センター　など

いいえ

働くことに自信が持てず、働くためにどうしたらいいのかわからない。

はい
- ●地域若者サポート
  ステーション
- ●ひきこもり
  地域支援センター
- ●若者就労支援センター　など

いいえ

具体的な就職先（一般求人）を紹介してほしい。

はい
- ●ハローワーク
  （一般窓口）　など

岡山市障害者自立支援協議会就労支援部会作成資料をもとに作成

表3 ●活用できる公的相談窓口

	対象者	概要
地域若者サポートステーション（通称 サポステ）	働くことに意欲があるものの、人間関係や就職活動の悩みを抱えている15〜49歳までの人。厚生労働省が委託した全国の若者支援の実績やノウハウがある民間団体などが運営。	●診断の有無は関係なし。 ●利用は無料。 ●全国177か所。 ソーシャルスキルトレーニングや各種セミナーに参加しながら、就職支援プランを受けられる。職業紹介はハローワークと連携して行っている。
ハローワーク新卒応援ハローワーク・新卒応援コーナー	就職活動中の学生・生徒や、卒業後おおむね3年以内の方。	●診断の有無は関係なし。 ●利用は無料。 ●各都道府県に1か所以上、全国に設置。 初回は、基本的に予約不要。2回目以降は、専任のナビゲーターによる担当者制で支援が受けられる。職業適性検査、職業興味検査を実施しており、就職に向けての自己分析、就職活動の進め方講座、履歴書の作成や、面接基本対策講座、就活の身だしなみ講座などを行っている。
ハローワークわかものハローワーク（通称 わかハロ）	正社員での就職を目指す若者（おおむね35歳未満）。	●診断の有無は関係なし。 ●利用は無料。 本人とそのご家族のために、担当制のキャリアコンサルタントによる対面での仕事相談のほか、電話やオンラインなどでの相談可能。

	対象者	概要
障害者職業センター （地域障害者職業 センター）	職域の選択に迷う人や復職を希望する人。 障害者を雇用する企業。	●手帳の有無を問わず利用できる。 ●機関利用は無料。 ●相談は予約制。 障害者職業カウンセラーを配置している。 ハローワーク、障害者就業・生活支援センターとの密接な連携のもと、障害者のチーム支援等を提供している。

3 労働分野での合理的配慮

　2024年4月、改正障害者差別解消法が施行され、民間事業者においても合理的配慮の提供が法的に義務化されます。

　障害特性や心身の症状によって働くことに不安を感じている人でも、障害のない人と同じように社会参加を果たし、自分らしく働く権利があります。学生時代と同様に、環境を整えたり支援を受けることで、働くチャンスや安定就労へつながることがあります。それは職業人生を豊かなものにするための後押しにもなります。ここで少し、私がこれまでの就労支援の現場で行った自己理解支援と、合理的配慮の申し入れをしたケースを共有したいと思います。

　一つ目は、うつや統合失調症等の後天的に精神疾患を負った人の場合です。障害者職業総合センターが行った2017年の調査では、精神障害のある人の職場定着率は1年で49.3％と、他の障害種と比べて低いことがわかっています。また、就労経験がある人も多く、健康だった頃の自己イメージや周囲の期待に応えようと過剰適応をした結果、バーンアウト（燃え尽き症候群）してしまうこともあります。

　精神障害のある人は、調子が良い時と悪い時の波があり、勤怠やパフォーマンスが不安定であることから、納期のある仕事や欠員が出ては困るような人員

配置の職場では勤務継続が難しい場合もあります。また、時に障害者手帳を取得申請する際の診断名がうつや双極性障害、統合失調症などとなっていても、強いこだわりやコミュニケーションの苦手さなど発達障害の特性が強く表れている場合もありました。特性から物事の捉え方のズレが生じやすく、人間関係や仕事上のトラブルが発生するなど、職場の人間関係に馴染めないといったケースも多いです。

　上記のような場合、担当業務の全体の流れと本人の担っている業務の役割イメージを視覚的に説明すること、体調変化に合わせた業務量の調整、そして業務内容に合った待遇やキャリアパスが示されているかなどを確認していきます。本人の体調や能力に合った業務につくことや、相談相手となるキーパーソンからの日常的な声かけは、本人の心理的安全性を担保し、自己有用感や自己肯定感を高めます。そして、業務への意欲や、テレワーク等の環境変化によるメンタル維持にも効果があり職場定着を促進します。

　二つ目は、知的に遅れがない人のケースです。仕事そのものの能力であるハードスキル（例えば、パソコン技能や作業能力など）は十分に所有していても、職業生活遂行能力（例えば、職場内コミュニケーションなどの対人技能や職場ルールの理解と順守など）と呼ばれるソフトスキルの困難性から離転職を繰り返している場合です。他人からの期待を読み取るのが苦手で、ルールや言葉を杓子定規に受け取ることによる軋轢により職場でのトラブルが発生していることもあります。

　上記のような場合、本人が職場で経験した場面を一緒に振り返りながら、本人の思考パターンを整理します。視覚優位な人も多いため、氷山のイラストに本人の感情や行動を書きだしてもらい、特性と職場の環境要因、さらには本人の気づきや周囲への影響などを確認していきます。感情のコントロールが苦手で爆発する人の行動の裏には、感覚過敏や眼球運動の問題などが隠されている場合があります。ストレスを貯めやすい人の中には、イライラした（する）原因を紙に書くくしゃくしゃと丸めてゴミ箱に捨てる動作や、合理的配慮として、過集中を予防するために、短時間休憩の取得の許可をもらい、呼吸法や軽

い有酸素運動などの対処法を習慣化します。また、入浴方法や寝る前にパソコン等の電子機器から出る光を見ないようにするなど睡眠の質の改善を意識してもらうことで雇用継続が維持できている人もいます。

　LD等により数字の見え方によるミスが生じやすい場合には、事前にダブル（トリプル）チェックやパソコンの読み上げ機能を活用したい旨の要望を伝え、了解を得ておくことで、不得意を補う工夫をルーチン化することも可能です。事前に申し出ることで「仕事のできない人」「怠ける人」といった誤解を回避することもできます。

　しかし、企業の職場環境は、一人ひとり異なり、与えられる業務内容や役割も違います。当然のことですが、就労先の企業が求職者に合っているかなども現場で実際に働いてみなければわからないこともたくさんあります。これまでの研究結果からも、職場の運営方針や人間関係が離職の原因となりうることも明らかになっています。

　私もジョブコーチとして、企業と障害のある職員の間に入って、頃合いよく課題解決ができたことばかりではありません。介入のタイミングが遅れたことにより、支援対象者と企業との間で感情的な対立から修復が難しく離職した人、障害者雇用枠で入職したにもかかわらず企業側が「ここは一般就労。福祉的な考えは不要。特性への配慮はしない」と合理的配慮を拒否された上に雇止めになった人もいます。

　評価査定を行う担当者や上司らの知識不足や、感情的な指導が原因で不安症や適応障害など二次障害を発症した人の支援にも関わってきました。そのような時には、支援者として企業に雇用ノウハウを伝える重要性を痛感し、障害者雇用を量から質の向上へと転換していく今こそ丁寧な助言の必要性を実感します。

④　中途障害と就労に向けて利用できる機関

　さて、ここまでは学齢期からの成長に沿って、事例や活用できる支援制度に

ついてご紹介をしてきました。しかし、誰しも人生半ばにして、ある日突然、病気や事故により障害者となることがあります。後天的に障害者となった人を「中途障害者」と言います。一家の大黒柱、主婦、そして未来ある若者が、脳卒中や交通事故など予期せぬ出来事により障害に直面する場合もあります。

　先天的障害をもって生まれてきた方とは違い、人生半ばで障害を負った方は、「障害をもっていない頃の自分」の記憶があるため「できていたことができなくなった自分」との差異に喪失感が強く、復職までに時間を要する場合があります。本人はもちろん、支える家族のショックも大きいかと思います。時間の経過とともに生活のしづらさを受けとめながら受容し、経済的な問題や家族のために「少しでも歩けるようになりたい」「職場に早く戻したい」という希望をもち始めます。コメディカルスタッフからの心理的ケアや観察評価を受けながら、病院内でのリハビリ訓練を受けることになります。

　中途障害の中でも、家族も含めた丁寧な支援が求められるのが「高次脳機能障害」です。病気や事故などで脳を損傷し、日常的な出来事をすぐに忘れる、物事に集中できない、また感情のコントロールができないなどの障害特性があります。高次脳機能障害は、医療機関でのリハビリテーションが終了した後でも、家庭、地域社会、職場などへの適応を目的に地域の社会資源を活用したリハビリテーションを進めていくことが大切になります。これを社会的リハビリテーションあるいは地域リハビリテーションと呼びます。

　リハビリテーションを効果的に進めていくためには、医療機関をはじめ福祉事務所、保健所、相談支援事業所、障害福祉サービス事業所、地域活動支援センター、就労支援機関、教育機関が連携して支援を行います。40〜64歳の人でも介護保険を使うことができる場合もあるため、その時は、介護保険サービス事業所、地域包括支援センター、そして家族会などを交えた地域支援ネットワークを形成することが大切になります。

　復職を目指す場合の主な支援機関としては、表3で示した障害者職業センターがあります。独立行政法人高齢・障害・求職者雇用支援機構が、障害者雇用促進法に基づいて、各都道府県に最低でも1か所は設置・運営されていま

す。障害者職業センターでの復職支援では、本人の状況に応じて多種多様な評価ツールを用いて職業評価を行い、本人と事業主・主治医の三者とすり合わせ、復職プランを作成、ジョブコーチとも連携して復職支援が行われています。

（一般社団法人職業リハビリテーション協会　理事）

6 人生の途中で障害を背負ってしまった人、生まれつき障害と向き合ってきた人にとっての人生役割

南　征吾

1　仕事の原体験

　執筆にあたり、小学生の頃の2つのエピソードを思い出しました。一つ目は、近くの川でザリガニをバケツにたくさん捕まえて、大きいザリガニと小さいザリガニに分けて家の前に並べて売ろうとしたことです。その時に感じたのは、自分が楽しんでやったことがお金に変わるかもしれないというワクワク・ドキドキ感でした。結局、近所のおばさんから注意されて数時間で終わりましたが楽しいひと時でした。二つ目は、両親への肩たたきから得られる報酬です。お駄賃よりもむしろ叩き方を工夫したことをほめられることが私の報酬で、次はどんな工夫をしようかなと一生懸命に考えたのを思い出します。この2つの経験は、「楽しみながら行ったことで、報酬をいただく」という私の仕事の理想像を形づくっているように思います。

　さて本章では、人生の途中で障害を背負ってしまった人や生まれつき障害と向き合ってきた人にとっての役割（ライフロール）について、自宅で生活されている2人の方の人生を参考に考えてみたいと思います。私は作業療法士として働いてきた経験から、作業の「認知する」「行動する」「共有する」「伝播する」というプロセスが、自分自身の役割を創発していく力を促進すると思います。役割の連続であるライフキャリアを充実させる手立てとして、作業が一助になればと思います。

障害を人生の途中で背負ってしまった人のライフキャリア

1）ワークライフバランスと向き合った宏一さん

　宏一さんは、国際的に活躍し、会社の中心的存在でした。しかし、定年を数年後に控え、海外出張中に脳卒中を発症し、急遽帰国しました。一命は取り留めましたが、右半身がほとんど動かず、歩行も困難な状態でした。帰国後はリハビリを中心に足に装具をつけて屋内で歩くことができるようになりましたが、腕の麻痺がひどく、手や指の動きが制限されていました。日常生活にも多くの制約があり、仕事の復帰も難しい状況でした。

　宏一さんは家族と相談し、仕事を辞めてしまおうと考えましたが、上司からは意外な言葉が返ってきました。「いまがチャンスのとき」「できることをやってみること」という激励の言葉でした。上司の後押しもあり、宏一さんは継続して仕事を続けることになりました。新しく、企業と福祉をつなぐ統括責任者としての役割を担い、国内外の企業役員に勤め先の企業の理念を説明する仕事をしました。通勤には電動車いすを使用し、公共交通機関を利用しました。宏一さんは体調のこともあり、仕事と生活のバランスに向き合う決意をしました。しかし、障害をもったからといって、仕事人間の宏一さんが、仕事と生活の調和をすぐに実現することは難しく、多くの苦労を経験していました。

2）研究の被験者となって

　ある時、私が研究のデータを取る際に在宅支援の事業所に協力をお願いしました。すると、事業所から宏一さんを紹介されることになりました。宏一さんは、病気になってから5年以上が経っていましたが、お会いする中で、自身の経験を惜しみなく話してくれる人柄で、気さくに話せる印象を受けました。私は、脳卒中を発症して重度の片麻痺の障害のある人々を対象に、在宅で行える作業療法プログラムを開発していました。このプログラムは、本人の生活目標を共に決め、目標となる作業の動きを分析し、前腕部に神経筋電気刺激装置を使用して、筋電気刺激を全身運動に変換していくものでした。宏一さんは、この研究に快諾してくれて、研究が始まりました。

宏一さんと一緒に生活目標を決める際に、日常生活の状況や余暇の過ごし方、仕事の内容などを話し合いました。病気になる前の働き方や病気になっての仕事への思い、家族との生活など、氏の人生観や価値観に触れました。その中で宏一さんは、「自分で缶コーヒーを開けて飲みたい」と話しました。理由を尋ねると、「缶コーヒーを開けて昼休みに飲むことで、昼からの仕事に集中しようとする気持ちの切り替えができるから」と言っていました。「そういえば今はできていません」とも話していました。そこで、スクリュー式缶コーヒーの蓋を開けることを目標に、在宅で実施可能なプログラムを3か月間実施しました。プログラムの内容は、まず力が入りすぎるので筋電気刺激が流れても力を抜く練習から始めました（認知する⇔行動する）。

　開始してから1か月後に、宏一さんから連絡がありました。「缶コーヒーの蓋を開けることができました」とのことです。私は宏一さんの自宅を訪れて、宏一さんが缶コーヒーの蓋を開ける姿を確認しました。普通なら麻痺側の手で缶の本体を持ち、動く手で蓋を開ける方法ですが、氏の場合は麻痺側の手で蓋を持ち、動く手で缶を持ち、ひねるようにして蓋を開ける方法でした。宏一さん自身が工夫した方法のようでした。

　2か月後には、宏一さんから食パンにバターを塗る動画が送られてきました。彼は麻痺側の手でバターナイフを持ち、バターをすくって、使いやすい手で食パンを持って塗る方法を使っていました。普通なら食パンを麻痺側の手に持たせて、バターナイフを動かしやすい手でバターを塗る方法ですが、宏一さんは自分自身で工夫した方法を使っていました。

　3か月後には、彼のご家族から、おやつの袋を開けて食べていると連絡がありました。私が宏一さんに袋を開けた状況を尋ねると、「食べたかったから袋を開けておやつをとって食べた」と、普通のことのように話しました。しかし、実際の様子は、彼が麻痺側の手でお菓子の袋を開けただけでなく、お菓子を取り出し、口元まで持っていって食べていたので、私も家族も驚きました。

　宏一さん自身も家族も気づかないうちに、彼は日常生活で麻痺側の手を使い始めていました。家族も宏一さんも、これまでの5年間とは一変し、明るい兆

しが見えてきたと話しました。これまで家と仕事の往復だった彼の日々が、変化していることに私は気がつきました（共有する⇔伝播する）。

3）小さな作業に気づくこと

　これまでの宏一さんの役割や役目について、1日のスケジュールに従ってうかがってみました。宏一さんの当初の日常は、起きてからすぐに仕事の準備をして仕事に行き、帰宅後は明日の仕事の服の準備をし、そのまま就寝するというものでした。1日のほとんどが仕事で、心も体も休まらない日々だったと思います（図1）。3か月の訓練後、日常の生活にどのような変化が起こったのかを尋ねま

介入前		時間	介入後（約3か月）		
活動名	分類		活動名	分類	
起床		5:00		起床	
整容		5:30	日常	整容	自分のペースで服を着ることができるようになった。
		6:00			
トイレ		6:30		トイレ	
出社（朝食）		7:00	休息	出社（朝食）	
仕事	仕事	7:30	仕事	仕事	
		8:00			
		8:30			
		9:00			
		9:30			
		10:00			
		10:30			
		11:00			
		11:30			
		12:00			
昼食（コーヒー）	休息	12:30	休息	昼食（コーヒー）	食後に好きな缶コーヒーを開けて飲む。
		13:00			
仕事	仕事	13:30	仕事	仕事	
		14:00			
		14:30			
		15:00			
		15:30			
		16:00			
		16:30			
		17:00			
退社		17:30		退社	
明日の準備	仕事	18:00	余暇	家族と団欒	帰宅後、明日の仕事の準備を仕事と捉えていた
		18:30			
家族と団欒	余暇	19:00			
		19:30			
夕食	日常	20:00	日常	夕食	
家族と団欒	余暇	20:30	余暇	家族と団欒	
		21:00			
		21:30			
お風呂	日常	22:00	日常	お風呂	
		22:30			
就寝	日常	23:00	日常	就寝	

図1 ●宏一さんの日常生活の捉え方

した。氏からはすぐに、「昼休みに缶コーヒーの蓋を開けて飲むことで、仕事の切り替えができるようになった」と話されました。昼休みが夕方の仕事の準備ではなく、休息の時間に変わり、朝の仕事の準備も日常生活の中でゆっくりできるようになったと話されました。また、仕事から帰宅後は、次の日の仕事の準備から家族団欒の時間に変わり、会話も増えたと話されました。昼休みに缶コーヒーの蓋を開けて飲むという小さな作業が、生活全般に波及していきました（創発する）。

　それから1年後、宏一さんは自身が倒れた異国の地へ家族と一緒に旅行に行き、楽しい時間を過ごしたと笑顔で話されていました。次のチャレンジは、日本の温泉に入りに行くことだと、笑顔で話されました。

　人生の途中で障害を背負ってしまった人は、これまでとは異なる視点でキャリアを考える機会が必要になるかもしれません。そうでないと、以前の状態に復帰するか、辞職するかの2択になってしまいます。そのため宏一さんはよりワークライフバランスを重視した生活を試みましたが、うまくいきませんでした。宏一さんは、これまでの習慣を引き継ぎながら、小さな作業に気づくことで、休息や娯楽を生活に取り入れることができ、職業人だけでなく家庭人としての役割も担うことができるようになったように思います。

3　生まれつき障害がある人の人生役割（ライフロール）

　人生役割は、障害の程度や状況に応じて一人ひとり異なります。子どもの場合は、家族や支援者、社会の理解も必要ですので、サポートを受ける環境を整えると同時に、サポートされる本人自身の意向も考慮することが大切です。私がこの考え方について考えさせられたのは、脳性麻痺のある仁美さんとその家族が1年以上かけて乗馬を体験（創発）した出来事からです。

　仁美さんは、重度の脳性麻痺があり、特殊な車いすに座らないと姿勢を保つことができない状態でした。私が彼と知り合ったのは、彼が神経筋電気刺激装置を用いた私の研究プログラムに参加してくれたことからでした。彼と家族と

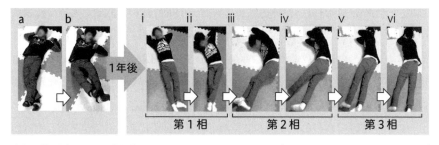

左側（初期）：両足が交差してしまい、かつ、足に力が伝わらないため寝返ることが
　　　　　　　できない（a,b）。
右側（1年後）：3期を連続させて寝返り動作を行った。第1相（ⅰ、ⅱ）は左から右
　　　　　　　へ体重移動ができ、第2相（ⅲ、ⅳ）は足と体幹をつかって横向け
　　　　　　　になり、第3相（ⅴ、ⅵ）は全身を調整させながらうつ伏せになった。

図2 ●仁美さんの寝返り動作の経過[1]

一緒に、これまでの生活から現在の生活について話を聞かせていただきまし
た。彼が過ごした養護学校から現在の作業所での仕事や、年に一度のスポーツ
競技のことなどを聞きました。話の途中で家族が広告の写真を持ってきまし
た。写真は障害のある人が乗馬を体験している様子でした。家族は彼の状態で
は落馬の危険性もあるのではないかと躊躇していました。私は彼と一緒に乗馬
に挑戦してみましょうとお話ししながら訓練を始めました。訓練内容は、神経
筋電気刺激装置を前腕部にあて、筋電気刺激が流れても力を入れずに動きに従
うことを繰り返し、全身の力を抜く練習でした（認知する⇔行動する）。

　最初は両足が強く交差してしまい、寝返りができない状況でした。しかし、
6か月後には足が交差することが減り、1年後には一人で寝返ることができる
ようになりました（図2）。彼の笑顔が増えるにつれて、家族の笑顔も増えて
きました。これをきっかけに、彼と家族はいろいろなことに挑戦するようにな
りました。研究が修了して数か月後に、担当の作業療法士から連絡があり、彼
の家族から乗馬に挑戦した動画が送られてきました。馬に乗って牧場を周る動
画には、最初は不安そうな表情をしていましたが、1周するころには笑顔が見
られ、家族のうれしそうな声も聞くことができました（図3）（共有する⇔伝

播する）。

　仁美さんの未知の体験に挑戦するという役割と、それを支えるという支援者の役割は切り離すことができません。そのため、彼らが習慣の檻から抜け出して、挑戦する機会やタイミングを整えることが重要だと感じました。今回の電気刺激を使った訓練は、家族にも変化が実感でき、自信をもってチャレンジすることにつながった

図3 ●仁美さんが乗馬している様子[1]

と思います。考えてみると、人間一人では役割を遂行することは困難であり、誰かとともに日々行われているものだと思いました。障害者のみならず、家族や周囲の人の役割を促進することは、共生社会の実現に役立つと思います。

4 　まとめ

　誰も歩いたことのない未知の道であるため、人々が生きる人生には期待と不安が表裏一体で存在しています。とりわけ障害のある本人や家族にとっては、生活の不安から、1日をどう過ごすかが優先されることがあります。作業療法士としては、そんな時でも、大切な作業（宏一さんにとってのスクリュー式缶コーヒーを開けることや仁美さんにとっての乗馬）を見つけることにより、前向きに進めるようになれると考えています。しかし、多くの場合、大切な作業は自分がこれまで当たり前に生活してきた中にあり、本人や身近な人には気づかれないことが多いのです。そのため、第三者の支援が重要なのです。

　大切な作業を、人と人が結びつくような活動として捉えることにより、それはいっそう意味深いものになります。当事者を取り巻くチームに大切な作業が認知されると、実現しやすくなり、経験が共有され、達成感が伝播され、未知

の道を共に歩むことができるようになるでしょう。

　しかしながら、注意が必要なのは、喜びだけでなく、疲弊も伝播しやすいということです。そうすると、双方ともが人生の泥沼にはまってしまうことにもなりかねません。そこから抜け出す手立ては、身近な小さな出来事を共有し合い、喜び合うこと（缶コーヒーが開けられたり寝返りができたりしたことのようなこと）からはじめることで、生活全般に波及していくこともあるように思います。つまり、楽しみにつながるような経験から賞賛や金銭といった報酬をいただくことが、新たな可能性への扉を開けるとも言えるでしょう。

（群馬パース大学リハビリテーション学部作業療法学科　教授・作業療法士）

［参考文献］
1　南征吾他（2021）「成人脳性麻痺者の活動と参加に資する在宅支援プログラム」事例報告、『大阪河﨑リハビリテーション大学紀要』第15巻、pp35-41（加筆）

医療現場で関わる就労支援
一緒に夢を見る、その一歩を踏み出す　　　　　峯尾　舞

　私は作業療法士として、脳血管疾患や頭部外傷により脳損傷を受けた方々の就労支援に携わっています。脳損傷後には半身麻痺や高次脳機能障害などの後遺症を有す方が多く、ご家族も含めた中長期的な支援が必要です。支援は医療機関における保険診療下の訓練、ボランティア活動を通じた就労準備、そしてグループ会社における自費サービスとしての通勤訓練、職場面談同行、就労後のフォローアップ面談などです。

　特に脳血管疾患を発症した方の多くは勤労世代であり、私が支援を通じて出会った方々も20代〜70代と幅広く、発症前の勤務形態はアルバイトやパート、契約社員、正社員、個人事業主などさまざまでした。多くの方は、元々働いていた職場に復帰する「復職」を目指しますが、復職が難しく、「新規就労」を目指す場合もあります。

❶ 入院直後、人は何を思うのか──働くことの意味や大切さ

　私が作業療法士として働き始めて間もない頃、ある一人の対象者と集中治療室で会いました。その人は、脳血管疾患を発症してまだ日が浅く、1日のほとんどをベッドの上で過ごしていました。脳血管疾患の影響により意識は朦朧とし、身体の左半身に麻痺があり、点滴治療や排尿のために複数のチューブにつながれていましたが、職業を尋ねた時、「いつから働けますかね」という質問が返ってきて驚きました。

　作業療法士として経験の浅かった私は、その対象者の状態から働くイメージがもてておらず、働くことよりも何より麻痺を回復に向かわせる機能的な訓練や、日常生活を送れるようにする訓練が最優先だと考えていて、対象者の想いに追いつけていなかった自分を恥ずかしく思いました。

　その後も、発症して間もない多くの対象者から「働けますか？」「急に休んでしまったので職場に迷惑をかけているんです、早く戻らないと」「小さな子どもが3人いて、私が働かないと生活が成り立たないんです」などの「働きたい」という想いの詰まった声が何度も聴かれ、命に関わるような大きな病気や怪我をしてもなお、どれほど働くということが人にとって意味があり、重要なのか知りました。

　医療機関では、こうした声を丁寧に受

けとめ、対象者の意向や希望を深掘りしていくことにより就労支援が始まります。私たち医療者は、その声が現実味を帯びていないように感じたとしても、その想いに目いっぱい添うことが必要です。働くことについて否定されたり、時期尚早だととがめられた経験は、対象者の心に深く刻まれ、その後、長期的に医療者や

支援者に対する嫌悪感や不信感として悪影響を及ぼします。特に入院中に就労に関して話す場合は、対象者がその後のリハビリテーションに意欲的に取り組めるように、また、中長期的に就労に関わる支援者との信頼関係を構築できるように、対象者の気持ちや考えを全面的に肯定する姿勢が大切です。

❷ 一緒に夢を見る

　医療機関における就労支援で最も大切なことは、働くことに関して一緒に夢を見る、その最初の一歩を踏み出すことです。入院直後に「働きたい」と話していた人も、身体機能や高次脳機能の評価や訓練が進み、後遺症が生活にどのように影響を及ぼすのか理解が深まると、とたんに不安が強まり、仕事のことを口にしなくなります。その時、近くにいる私たち医療者や支援者は、対象者に働くことをあきらめさせるのではなく、対象者のペースで働くことに対する気持ちや夢を語ることを励まし続ける必要があります。
　もちろん、時には、仕事について話さ

ない時間をあえて設けることも必要です。その過程でじっくりと過去・現在・未来のことを見つめ、自分が本当にしたかったこと、好きなことを見出せるように、対象者が将来を想像し、働くことに関する想いを大いに語れる場を設けてください。対象者が本当に好きなこと、興味のあること、思わず心が躍ることは何か一緒に探してください。本当の就労支援とは、単に仕事に就くことではなく、対象者本人が心から楽しみながら、もしくは夢中になれることを見つけることでもあると考えています。

（医療法人社団KNI　北原国際病院リハビリテーション科・作業療法士）

［参考文献］独立行政法人高齢・障害・求職者雇用支援機構障害者職業者総合センター『カスタマイズ就業マニュアル』、2007年

Part 3
障害のある人たちとの
関わりから伝えたいこと

支援制度のない時代から歩んできた道
発達障害の支援制度のない時代を生き抜いて
～親の立場から～

新堀和子

1　誕生から就職するまで

① 発達障害の始まり

　1990年「全国LD親の会」の発足を機にマスコミや国の動きが活発になっていきました。2001年には文部科学省協力者会議で「21世紀の特殊教育の在り方について」が発表され、LD・ADHD・高機能自閉症も支援の対象にすることが提案されました。

　2004年12月「発達障害者支援法」が成立し、2005年12月には、社団法人日本自閉症協会・全国LD親の会・NPO法人えじそんくらぶ・NPO法人アスペ・エルデの会・NPO法人エッジの当事者5団体を発起団体として「日本発達障害ネットワーク」（JDDネット）が発足しました。

　1990年からの33年間で発達障害という障害が生まれ、国の制度や社会情勢も大きな変化を遂げてきた中で、国や自治体での制度がない時からわが子とともにウェルビーイングを目指しながら、取り組んだ内容を報告します。

② 長女と何か違う

　私の息子は、47歳です。生まれた当時は、大阪で暮らしていました。息子の発育の状況が長女と違うと感じたのは、1歳頃でした。3歳児健診後の病院の検査で、8か月の成長の遅れがあることがわかり、東京へ帰ってきました。3歳児健診では「言葉の遅れ」など具体的に保健婦さんに訴えるほど不安は大きくなっていました。東京では息子にあった生活をどのように守るかという悩みを抱え、市の教育センターで家庭生活、学校生活のことが相談できたことは、

母親の私にとって、とても大きな支えでした。

③ 集団に入れない幼稚園時代

　幼稚園では集団の中に入れず、登園しぶり、行事は発熱のために欠席するなどの3年間を過ごしました。息子はマイペースで、祖母のものさしをギアにして車の運転やひもを使った遊びなど、この頃から自分なりの遊び方を見つけることが好きな子でした。現在は、学齢期前の診断も可能になっていますが、この頃は、5歳児健診は行われていません。また、「様子を見ましょう」と言われることも多かった時代です。家庭では、規則正しい生活の心がけと家族からの協力を得るために母親が努力することが多くありました。

④ 就学時健診で指摘を受けた小学校時代

　就学時健診では、言葉の遅れと弱視を指摘され、めがね着用と1年生から「言葉の教室」に通級しました。小学3年生では、多動で、集中が続かず、授業中に前述のような「車の運転が始まる」、忘れ物が多いなどで担任の先生が困惑していることを知りました。授業中に「車の運転が始まる」状態について、息子から「授業中に頭がぼーっとしてわからなくなるんだ」と聞き、大学病院での検査後、紹介された教育研究所でボーダーの学習障害と診断されました。

　担任の先生に対しては、連絡帳の書き込みをして、お互いの連携をしていきました。診断後は、9年間、悩んできた息子のことが理解できるかもしれないと思う一方で、療育も支援も皆無で通常級と特殊学級の狭間に立つわが子に何ができるのだろうと途方に暮れるばかりでした。

⑤「自立」「選択」「お金」── わが家の基本3本柱

　診断後、4年生になり、大学の研究室で行われている「土曜教室」へ通いました。この土曜教室に集まる親同士で、准教授（当時）の協力のもとに親の会を発足しました。親同士話し合う機会も増え、皆、将来の不安もあることを感じていきました。知的障害者と健常者と言われる間のわが子たちは、どこで理

解され、どこで教育を受ければよいのだろうという疑問を胸に、学校や支援者の理解、対応に苦慮しながら、毎月の親の会の活動や国会議員へのロビー活動、地方の親の会との連携した活動を展開していきました。また、個人的には、電車やバスに乗る経験を増やすなど、自立に関する経験を開始しました。

わが家の家庭教育の基本を「自立」「選択」「お金」の三つにすることを決めました。自立とは働いた自分の収入で生きていく。選択とは自分の人生におけるすべての事柄を主体的に選んでいけるよう、毎日の生活の中に取り入れていく。お金は生きている限り関わるものと考えました。

家庭教育の基本を決め、何かあれば基本に戻る覚悟によって、親としての気持ちは楽になったことで、その後の子育てだけでなく、息子の人生にも大きな影響を与え続けました。

⑥ 思い切って、山村留学へ

息子は、山村留学で小学6年生、中学1年生の2年間を福島県の村で過ごしました。5年生の冬、検査で、息子が「もっと違った自分になりたい」と思っていることを知り、自分に満足していないという現状と、将来的に自立の一歩を経験させたいという考えが重なり、息子に提案しました。

息子は迷いながら新しい道を歩み始めます。自然の中での遊びや畑仕事など数々の新しい経験をしましたが、学校生活は順調ではありませんでした。親として、心配なわが子を手放す厳しさを本当に感じた2年間でした

⑦ 告知

中学2年時に息子は福島からわが家へ帰ってきました。漢字の勉強が思うように進まないことに対して疑問が出たことをきっかけに、告知をすることにしました。息子には強く生きられる勇気を与えてあげたいという思いの告知でしたが、障害者ということにショックを受けたのでしょう。言葉の限り伝えても「自分は障害者だから何をしてもダメなんだ」と学校では精神的にも行動的にも荒れた日々が続きました。

中学2年の夏休みには、毎日の生活の中で、少しでも希望をもたせたいと考え、主人や息子と話し合い、高校進学に対しての方針を決めました。

　　①将来の自立を考え技能を身につける
　　②本人の興味や関心のある分野を選択する

　2点の方向性を基に、息子が幼いときから興味関心のある自動車のメカを学べる専修学校自動車科と通信制高校電気科を提案して通信制高校の授業を専修学校で学びながら、3年間を過ごすことを決めました。

⑧ **手探りの高校生活**
　入学した専修学校では、資格や免許取得と共に社会人として求められる一般常識や、スキルを身につけられるように教育内容が工夫されていました。制服：ブレザー、ネクタイ。出席表：タイムカード。校外行事：交通機関を利用して遅刻厳禁の現地集合、現地解散。資格や免許取得のための200字（専門用語）漢字読み方テスト。文章読解力に対しては、夏休みや冬休みの天声人語の書き写しの宿題。学校の規則が守れない人へは細かな罰則規定がありました。そのような中、息子は、数社の企業実習などを受け、25の資格や免許を取得して卒業しました。
　生活面では高校の3年間、父親が単身赴任で不在になり、反抗期と重なりました。度々、意見がぶつかる中で、社会的なルールは伝えておかなければという親心は、きっと息子に伝わっていたのではないかと思います。
　以下のような、息子の環境に合った経験を工夫していきました。

　　①好きなケーキを食べながらお茶を飲みながらの親子の会話
　　②父親の所に行く時は、自分で飛行機や新幹線のチケットを取り、一人旅
　　　を楽しむ
　　③学校帰りに興味のある所へ行くなど、気分転換をする

忙しい学校生活を駆け抜けたような3年間でした。親子で手探りの中のさまざまな経験が、きっと成長に役立つと願い、信じて過ごした高校時代でした。

2 就職から今日まで

① 努力した先の挫折～就職活動

　高校では資格を取得し、行動面では問題がないことで、就職できるだろうと予想していましたが採用までには至らず、学校推薦の大学を勧められました。今までの学校生活を振り返り、座学で学ぶよりも社会に出て得る知識のほうが身につく可能性を考え、卒業後は自動車整備の仕事を望み、卒業間際に学校の後援会企業の就職が決まりました。

　就職した会社は、主にトラックの整備をする自動車整備工場で、資格を活かせる希望通りの職業に就けましたが、数か月後、会社から連絡があり「気が利かない」「協働作業ができない」「会社ではほとんど話をしない」等の指摘を受けました。会社では、「もう一度教えてください」の言葉にも「さっき教えただろう」の言葉で教えてもらえず、ほかの社員からは「親はこれでもがんばれというのか！」「そばにいるだけでイライラする」など浴びせられた言葉は本人にとって過酷なものでした。

　息子には、退職を決める前に「障害のことを伝えよう」と提案しましたが、「このまま、健常者としてやめていきたい」との答えが返ってきました。好きなことを仕事にしようと一途に努力してきたことが行き詰まることで自信を失い、親も苦しい中で、わが子が精神的に傷つくことを恐れている時期でした。

　好きな仕事に挑戦することは、成長に役立つことではありますが、「機械が好き」など、広い視野での取り組みを一緒に考えるべきだったのかもしれません。また、障害特性は容易に修正できるものではなく、親のわが子への客観的に見る力や長期的な見通しを立てる余裕のなさを実感する時期でした。

　今後を考え、どうすればよいのか頭は真っ白になり、手探りの状態の中、親の会でお話をお聞きした障害者職業総合センターの研究員の方を訪ねました。

再就職しても失敗がトラウマとなってしまう可能性があり、時間を空けて就労に向かう必要があると指摘されました。目の前の現実を受けとめ、改めて親として勉強が必要であると同時に、アンテナを張りめぐらせ、わが子を支えていくことの大切さを強く感じた時期でした。

② 障害者職業総合センターの研究対象になる

　親子で障害者職業総合センターを訪問して、相談をすることにしました。ちょうど、センターでの学習障害の研究が始まる時期と重なったため、当事者として、聞き取りを受けることになりました。後に、息子に聞いたところ、センターの相談を希望したのは、「もう、この道以外ない」と思ったからと言い、崖っぷちの選択をしていたことがわかりました。

　自己理解や特性理解への修正による葛藤も考え合わせ、就職と自立に関する職業生活設計の立て直しの再検討については、時間をかけ、慎重に対応していくことになりました。

　研究のための聞き取りの内容からは、そこには私の知らない息子の苦悩があったことを知りました。その後の本人の自暴自棄も予想されることについては、親の責任として覚悟しました。職業生活設計の立て直しは職業リハビリテーションの専門家にお願いしました。当然のこととして、わが家の環境調整はしましたが、家族の限界も感じる時期でした。

③ 心の傷を癒す日々

　息子は退職後に、失業保険や国民健康保険の手続きなどを自分でする一方で、趣味の写真撮影をするために一人で出かけていき、心に受けた傷を癒す日々を過ごしました。空港の写真屋さんから、引き伸ばした写真をプレゼントされ、喜んで帰ってきた時の顔を見て、「息子には息子の人生も世界もあるのだ」と見守っていく姿勢の大切さを改めて感じました。やがて、求職活動に入り、少しずつ前に進んでいきました。

④ 仕事に対する意識の転換

　療育手帳の申請・取得をしながら、地域障害者職業センターで職業リハビリテーションを受けたことで、本人が障害者手帳と支援の必要性を実感し、「就職するために必要であれば手帳を取得して就職しよう」という気持ちも生まれました。その後、別の自動車整備工場で実習を受けた後、好きな仕事から長く続けられる仕事に気持ちを変更し、知的障害対象の特例子会社に就職しました。入社後の4年間は、他の職場への出向やパソコン技術を学ぶことを通して、本社登録の提案賞も受賞し、目を輝かせて仕事に向かいました。

　しかし、上司が変わり会社の方針や雰囲気も変化して、息子と同僚のトラブルによって、8年間務めた会社を去ることになりました。息子はトラブルがあった後「二度と職場に行かない」と私に伝えてきました。好きな仕事から身を引くというきっかけに、このような形を選んだことは、本当に悲しい決断でした。

　ある日突然、一人で数年ぶりに東京モーターショーに出かけました。帰宅後、「自分の技術じゃもう追いつかないことがわかったよ、やっとあきらめられた！」と言いました。初職から10年間、いつかは整備の仕事に戻りたいと思っていた気持ちを整理して、次の仕事に向かいました。

⑤ パソコン資格取得

　退職後、次の仕事に就く間に障害者支援のパソコン教室に通い、マイクロソフトオフィススペシャリスト（MOS）エクセルの資格を取得しました。息子からパソコンを習いたいとの希望で、以前に知り合いから教えられた教室で学びました。些細な情報も半歩先の情報として大切に受けとめておく必要があると感じた出来事でした。

⑥ 再び地域障害者職業センターへ　キャリアアップのための転職!?

　地域障害者職業センターで、カウンセラーの方から「仕事を続けられなかったではなく、キャリアアップのための転職と考えませんか」との一言で、息子は転職に明るい希望をもつことができていきました。

気持ちの切り替えができた息子は、現在の会社の求人募集を知り、自ら希望をして職業センターのカウンセラーの指導を受けながら面接を受け、再就職をしました。入社当時は名刺や資料の印刷をして、さまざまな印刷方法を教えていただきました。職場の方から業務について教えていただき、再び目を輝かせる日々が続きました。やがて、ドライブレコーダーの解析を任されるようになったのです。「健常の人でも難しい仕事だけどやってみないか」と社長に言われたことが、本人にとって非常にうれしかったようです。

　会社の中でドライブレコーダーの仕事に向かいながら、本社からの仕事依頼書を誰にでも理解できるマニュアルに変えていくことも始めました。ジョブコーチにいつも説明を求めては、本人のやる気も起こりにくい、また、ジョブコーチも自分の仕事をもっていて、効率が悪くなる。手帳取得前の仕事で、理解しにくい体験をしたことから、誰でもわかる手順書を作成することを自分で考え、社内表彰を受けました。

　ドライブレコーダーの仕事をマスコミに取り上げられることもあり、企業のトップからの応援は大きな力と変化して、自信へとつながっていきました。現在は、マイスターの肩書きをもち、後輩の社員の仕事のしやすさを考えながら、仕事をしています。

3　親の子育て支援のコツ

① すべてに無駄はない

　寝ても覚めても車、車、家で工夫をした遊び、仕事が理解できない不自由さ、そのすべてに無駄はなく、今、花開いているように見えます。また、診断の際、「お父さんのようにホワイトカラーにはなれないと思ってください」と言われたことも、研究員に「車の運転は無理です」と言われたことも見事に裏切り、旅行に行ったときは長時間幸せそうに運転します。

　息子は、30歳頃から仕事の継続とともに生活の充実もできたように思います。「どのような仕事も仕事として受け入れる」「自分は人に恵まれていた」と

周りの支援や励ましに感謝しながら今日があることを言います。

　私たち親子にとって、発達障害に関する制度や支援は常に私たちの後ろにありましたが、たくさんの支援者に恵まれました。未熟ではありましたが……遠回りしたかもしれませんが……心細い手探りだったからこそ、息子を見失うことなくここまで来られたと思っています。

② 支えつつ、うまく子離れを

　専門家の人と話をしていると「親は全然わかっていない！」と言われます。子育ての自信はわが子の成長と共に失うばかりでした。障害者の世界では専門家への講習はたくさんあっても、家族が学ぶ機会は少ないと感じます。このままでは、私たち親子と同じ苦労をする人が多くなってしまうと感じ、親子を中心に企画したキャリア教育をしたところ、その効果も十分ありました。

> ＊半歩先、斜め後ろ、しっかり後ろをうまく使い分けて支えること。
> ・安定している時は、斜め後ろから手を出さず支える。
> ・倒れそうな時は、しっかり後ろで支える。
> ＊子育てに大切なことは基本的なところにあった
> ・自立の教育……働いて生きるために
> ・選択の教育……人生を主体的に生きていく
> ・お金の教育……上手に使って人生を楽しむ
> ＊自分で生きる道を選び、働いて得たお金で自立し、人生を自分なり
> 　に楽しんで生きていく

　わが子と共にウェルビーイングを目指すためには、学齢期からライフステージを通した支援が必要であり、そのことを十分理解するために家族も専門家と共に職業リハビリテーションの基本や親亡き後のための福祉のあり方を学ぶ機会が必要だと感じています。

　振り返ってみて、子離れをしていく時のコツについて、こんなふうに考えています。

わが家の「自立」「選択」「お金」の3本柱は、ウェルビーイングの基本でした。

保護者のみなさん。

「人を信頼すること」「勇気の一歩を踏み出すこと」、その先には「保護者と子どもを支える人が待っていること」を信じましょう。必要な時に・必要な人に・必要なだけの支援を!!

(LD（学習障害）親の会「にんじん村」)

インクルーシブな職場実現のために
キャリアコンサルタントの支援

2

菱山佳代子

1 就労支援を始めた3つのきっかけについて

　私は企業コンサルタント会社で研修やキャリアコンサルタント等の業務を経て、更なるスキルアップのために、一社）職業リハビリテーション協会「松為雇用支援塾」で障害者支援の学びを深めつつ、現在は、同協会や多職種連携して就労移行支援事業所等で活動中です。

　私が支援活動を始めたのは3つの出来事がきっかけでした。

①「兄（次男）夫婦と姪のこと」

　社会の偏見と差別があることを痛感した出来事でした。2020年冬のこと、義姉が「お世話になった多くの支援者や友達に見送られて、トシコもうれしかったやろうね」「私が、もっと早く病気（脳腫瘍）に気づいてあげればよかったとにね」と、涙声で話してくれました。重度の知的障害を抱えながら40年間を頑張って生きてきたわが子と喜怒哀楽を共にしてきた兄夫婦。これまでに、夫婦喧嘩が絶えず離婚の危機を乗り越えてきた過程には、わが子の障害受容までの苦悩と葛藤を抱えていました。そんなときに、同じ悩みをもつ家族との交流や多くの支援者の支えによって助けられてきたとのこと。

　例えば、通所施設から送迎バスで帰宅するわが子のお迎えの際に、支援者から、わが子の様子を報告してもらうときの優しい声かけ等も大きな安らぎを与えてくれたそうです。支援者側の視点からでは、業務の一つなのかもしれませんが、受け取る側は、それ以上のものを感じ取っていたのでしょう。支援者と家族との信頼関係づくりの大切さについて考えさせられました。

　私も純真な心の持ち主だった姪を忍びながら、ある出来事が思い出されまし

た。それは、姪が幼かった頃、兄家族が住む長崎県から東京観光に訪れ、私も一緒に行ったディズニーランドでのこと。遊具によっては危険を伴うことから、私と姪の2人で兄夫婦を待っていたときに、行き交う人たちが私たちを避け、憐れむ表情や視線が向けられ続けた記憶が蘇ってきたのです。このような社会的な偏見と差別に対して「命の重さはみんな同じ」と思う私は、いつも憤りを感じてしまいます。生きづらさを抱えるすべての人が幸せに暮らせる社会にならないものかと考えるようになりました。

②「兄（長男）夫婦と姪のこと」

家族の理解と早期発見、早期対応と適切な治療の大切さに気づかされた出来事でした。

今から二十数年前のこと、兄の長女ハルミが19歳を迎える頃、いつもと違う様子が見受けられるようになりました。私が実家に帰省したときに一緒に入ったお店でのこと。メニューを見ながらボーッとした表情の姪は数分過ぎても注文を決められない判断力の低下があり、感情表現も少ない状態でした。それから数年後に法事で長崎に帰省したときには、幻視なのか、首の後ろに何かがついていると言ってタオルを首に当て続けているのです。周囲がタオルを外すように何度注意しても言動が変わることはありませんでした。母親は「自分の育て方に何か問題があったのではないか」と悩み苦しんでいました。回り道をしながら、ようやく医療機関で「統合失調症」との診断を受け、姪へ「告知しない」選択をして薬等での治療を始めました。

このように、しかるべき医療機関の専門家に出会うまでには、かなりの時間を要しました。予期しない発症に当事者はもちろん、苦悩した家族。そして、自分を責め続けた母親。その母親は、40歳を過ぎた娘の将来を案じながら2020年春に乳がん再発により他界しました。母亡き後、姪は、なんとか自分の身の回りのこともやれるようになり、現在、80歳近くになる父親と共に暮らしています。もし早期に適切な治療ができていたならば、姪のライフキャリアも、今と違ったもっと明るい未来になっていたかもしれません。

③「家族」や「キャリアコンサルタント業務」でのこと

身近な家族や専門家によるサポートの大切さや、人間関係を含む職場環境づくりの重要性にも気づいた出来事でした。私の夫が42歳のときに職場でのストレス等が原因による心身の不調で失業したのです。ずっとそばにいたはずの私が「いつもと違う様子に早く気づいて専門家に相談していたならば」と深く後悔しました。

この三つの出来事をきっかけに、必要な時に必要とされて役立つ人になりたいと一念発起して2007年産業カウンセラーになり、2016年キャリアコンサルタントの国家資格を取得しました。そして、2017年にご縁もあり、より資格を活かせる企業のコンサルタント会社で研修や相談業務に就きました。

私は業務を通して「ある共通点」に気づきました。それは、社会状況として、厚生労働省の2020年「労働安全衛生調査」で、過去1年間にメンタルヘルス不調で1か月以上休業・退職した労働者のいる事業所割合は9.2％という調査結果が発表されている頃、顧客先の企業においても、社会人になって就職後に、職場不適応からうつ病を発症し休職、復職、退職に至ってしまうケースが見受けられました。その中には、通院先で初めて「グレーゾーンを含む発達障害」の診断を受けたという方もいて、心身の不調の要因に「自分の特性・個性を社会人になってからようやく知った」という共通点があることに気づいたのです。

年々メンタルヘルス不調者が増え続ける社会状況から、顧客先でも生きづらさを抱える従業員から人事部を通して、相談を受ける機会も増えていきました。発達障害・グレーゾーンの方々の生きづらさが原因によるメンタルヘルス不調、二次障害、離職を未然に防ぐには、家族や支援者はもちろん、企業側の支援体制や職場環境づくりへの取り組みを推進していくことも喫緊の課題なのです。

2　インクルーシブな職場実現に向けた支援について

「早期発見、早期対応（治療・療養）ができていれば、当事者のQOL（生活

の質）やウェルビーイング、ライフキャリアの向上につながったのではないか」
という事例をご紹介します。事例内容は、プライバシー保護のために修正して
います。

● 1回目の面談に至るまでの経緯

● 事例概要

　企業（組織）において、職場での支援体制がないうえ、管理監督
者である上司が部下の特性・個性への理解不足による指導等により、
部下がメンタルヘルス不調等を発症し、休職。相談者が別部署へ復
職し、その後、転職を希望。その転職を決めるまでの間に相談を受
けた際の面談です。

　また、相談者が、就職後に心身の不調で通院していたメンタルク
リニックの担当医師から勧められて受けた検査で、初めて自分が発
達障害であることを知る。

> 相談者：谷さん（30歳代前半・男性・大学卒業）
> 職　歴：製造業、営業8年、人事総務2年

● 面談前半の主訴

　現在の会社は将来性がないので転職したいが、転職できるかどう
か不安で、準備した履歴書記載内容も見てもらいたい。

● 面談後半の主訴

　実は、発達障害で障害者手帳を持っているが、転職の際に開示し
て就職できるかどうか不安。

● 障害内容：精神障害者手帳3級

- **診断疾病名**：広汎性発達障害（ICD-10/PDD）・自閉スペクトラム症（DSM-Ⅴ/ASD）
- **WAIS−Ⅲ検査結果**：全検査IQ104（平均水準・同年齢の平均値100）
- **個人特性**：見たり聞いたりして物事を理解する力は高いが、聞いたことを覚えておいて頭の中で処理したり、実際に手際よく作業する力は少々弱い。
- **通院・服薬状況**：あり（治療のみでデイケアや就労支援はなし）

・谷さんからメール依頼があり「外部だと相談もしやすいだろうからと上司から勧められた」とのこと。
・面談場所は、有給休暇日が残っていないため、勤務先の会議室で勤務時間内の1時間程度お願いしたいとのこと。

【1回目の面談】

　面談では、谷さんからメンタルヘルス不調で休職したことや、現在、メンタルクリニックを受診していることなど、これまでの経緯が語られました。その後、谷さんは精神障害者手帳と医師の診断書を「実は～」と、私に開示してくれました。谷さんは、会社や家族にも発達障害の件は非開示にしており、「家族には、障害について、自分が死ぬまで一生知らせないと決めていること」や「体調不良や通院等で、すでに有給休暇も使い果たしていること」等、働きづらさを感じている様子でした。

　そして、「精神障害者手帳を取得しているが、障害を開示した場合に就職できるか不安があることや、このまま残っても会社の経営悪化でリストラが始まる計画もあることから将来性がないため、できれば転職したい」との思いを語ってくれました。

就職・復職の考え方：転職先では、今の会社と同等（350万円前後）の給料を

もらいたい。自分の経験を活かせて社会貢献できる仕事を希望している。

職業生活のプラン：現在の１日７時間、週５日勤務を続けたい。

【１回目の面談結果】

　障害の開示・非開示のメリット・デメリット（P89一覧表参照）をお伝えした上で、谷さんは、障害を開示して企業を探す意思決定を自ら行い、就活への意欲も語ってくれました。時間が限られていたため、自己理解（強み・弱み）、興味がある仕事や将来の目標や行動を明確にする質問シートやキャリア・ライフプランシートの作成をお願いしたところで終了しました。谷さんとは、１回目と２回目の間にもメールでやりとりをし、メールカウンセリングや情報提供するなどのフォローを行いました。

●２回目の面談に至るまでの経緯

　面談を依頼してきたのは、企業でのメンタルヘルス研修当日に谷さんの上司からでした。上司の説明では「谷さんから１社内定をもらったが転職を迷っているので、谷さんが再度あなたに相談したいと言っているが、転職に向けて背中を押してもらえないだろうか」とのこと。私は「本人の気持ちを大事にしながら話を聴きたい」と返答し、研修後に１時間程度面談。

【２回目の面談】

　谷さんから、１社内定に至るまでの就活状況について語られました。

　コロナ以前に障害者合同説明会に自ら出向き、数社の担当者から説明を受けて面接まで進んだのは２社。そのうち、はじめの会社は大手の鉄道関係の安定した会社だったので内定が欲しかったが、面接室にいた複数の面接官から次々に質問される中で、混乱して返答できずに沈黙が多くなってしまい、とても残念な結果だったとのことでした。

　また、内定をもらったメンタルヘルス関連のベンチャー企業のほうは、社長

と1対1での面接形式で、質問も自分のペースに合わせて進み、自分の特性・個性を理解した対応で安心感があったそうです。給与も前職と同じ額を提示され、業務はノルマなしの営業。職場環境も、通院等の治療と仕事との両立もしやすく整備されて働きやすいことや女性社員が多いのも魅力で結婚願望もあると語ってくれました。

谷さんの話を受けて、どのような点が転職を迷う要因になっているのか、仕事を通して自分のどんな夢や希望がかなえられるか等、谷さんの気持ちを整理していきました。また、谷さんは2社の面接経験を通して、面接官の対応で「自分の障害特性・個性を理解した配慮があったかどうかの違いがあり、こちらにも企業を選ぶ権利があることを学んだ」と教えてくれました。

【2回目の面談を終えて】

谷さんの自己決断は「転職する」でした。上司にも申し出るとのことで、表情も以前より明るく笑顔になっていました。

【転職後の様子について】

社内でのサポートも手厚く、ベンチャー企業という将来性への不安も消えて、明るく働きやすい職場で楽しく仕事をしているそうです。

3　発達障害・グレーゾーンについて

発達障害の「グレーゾーン」とは、発達障害の症状は認められるものの、発達障害との確定診断はつかない状態を指す俗称です。グレーゾーンにいる人は症状が軽いわけではなく、なかには発達障害のある人と同じ程度の支援を要する人もいます。そのため、グレーゾーンにいる人も、発達障害の確定診断がある人と同じように、早期に特性・個性に適切に対処して、調子のよい状態を保つことができるような支援が必要です。

就職状況に関する野村総合研究所の調査では、ASD（自閉症スペクトラム

障害）と診断されている人の6割、ADHD（注意欠陥・多動性障害）と診断されている人の8割が、一般雇用枠で就業しています。発達障害のある人のうち3割程度は、職場の上司や同僚に自分が発達障害である旨を伝えていたそうです。この場合、雇用側のニーズである労働生産性は、発達障害の人も一般平均と同等程度を発揮できていました。

　一方、人事担当者や産業医のみにしか伝えていない場合や誰にも伝えていない場合では、労働生産性は、一般平均の8割程度しか発揮されていないという結果でした。

　2018年の厚生労働省の発表では、医師から発達障害と診断された人の数は推計48万人超。野村総合研究所の調査結果によると、発達障害のある人々の社会的困難に伴う経済的損失は2.3兆円にも及ぶと発表されました。経済的損失を未然に防ぐための対策として、発達障害のある人も生きがいや働きがいをもって企業で生産性高く活躍できるように、一般雇用の場合も、同僚や上司の理解などの企業のサポートを得ることが重要です。

　また、同調査では、発達障害のある人のうち、約半数が、発達障害であることを周囲に伝えるのに抵抗があり、その多くが「周囲の無理解や偏見への恐怖」が理由でした。これらの理由で、発達障害であることを周囲に伝えられず、必要な配慮を受けるきっかけを得られずにいる人も多いため、偏見や差別などの社会的バリア（障壁）、職場の人間関係含む環境因子の問題を解決することが課題です。では、どうすれば問題解決できるのか、その方策として、私が企業で取り組んできた一例をご紹介します。

④　誰もが特性・個性を活かして職場で活躍するために必要なこと

　私が経験した相談事例の中には、障害者雇用枠で応募する場合、履歴書と一緒に診断書も添えて求人先に応募するケースもありました。雇用上の合理的配慮は当事者側からの申し出により検討されるものですが、その中には、医師が合理的配慮に関する内容を診断書と一緒に添えてくれるケースもありました。

例えば「この方の特性・個性は、見たり、聞いたりして物事を理解する力は高いですが、聞いたことを覚えて頭の中で処理したり、手際よく作業する力が弱いです。そのため、説明や指示は理解できているのにパフォーマンスが出しにくい傾向があります。また、複数のことを同時に進めていくことも苦手です。上記の特性・個性をご理解いただき、仕事の進め方などについて本人と話し合っていただけますと幸いです」のように、当事者の特性・個性に合わせて記載されたものが添えられるようです。

　これをもとに、企業側は事前に特性・個性を理解できることで、雇用に向けて働きやすい環境や体制づくりを安心して行うことができます。しかしながら、自ら医療機関を受診して診断結果を得られる方ばかりではありません。自分の生きづらさを抱える要因に気づくきっかけには、家族や友人、職場の上司、同僚等が考えられますが、特に家族は特性・個性の受容や葛藤もあること、周囲からは助言しにくいのが実情ではないでしょうか。

　そこで、方策の一つとして、私は、企業でのメンタルヘルス研修（ライン・セルフケア）において、ストレスチェックと併用して、ストレスや特性・個性傾向がわかる「個性分析調査」[1]の実施をご提案していました。この検査カテゴリーには、注意欠陥多動性障害傾向、広汎性発達障害傾向、パーソナリティ障害傾向、気分障害傾向などがあり、さらに細かく19項目に分類した検査結果とアドバイスを得ることができます。この結果やアドバイスを基に、自己理解を深めてセルフケアにも活かせるように自身の取り扱い説明書を作成してもらいます。特に、管理監督職は安全配慮義務を果たす責任もあるため、日頃の朝の挨拶を通して「部下にいつもと違う変化はないか」を確認する声かけの際に、共通に受けた検査も話題になることから、自ら進んで開示することで、部下が上司に相談しやすい環境づくりにも活用できます。

　このように、それぞれの特性・個性を理解し合いながら、相手に合わせた関わり方を学び実践できるようになることは、メンタルヘルス不調未然防止のためにも必要な取り組みなのです。

　厚生労働省では、ストレスチェック、快適職場調査、メンタルヘルス改善意識

調査票（MIRROR）等の活用も推奨しています。さまざまなアセスメントを有効活用しながら、障害のあるなしにかかわらず、自分の特性・個性の強みを活かして、生きがい、働きがいをもって役割と責任を果たしていけるような職場環境づくりを推進することは、会社に対する従業員のエンゲージメントも向上します。

5　つながって、自分らしい人生を

　職場不適応になってはじめて発達障害が要因だったことを知った相談事例等からも、QOLやウェルビーイング、ライフキャリアを向上させて幸せな人生を歩むためには、学童期から成長段階に合った適切な支援へつなげていくことの大切さを再認識されたのではないでしょうか。

　みんなが幸せなインクルーシブな社会に向けて、ご自身やご家族、お子様の可能性を信じて特性・個性を活かした「自分らしい人生」を送れるように支援の輪を広げましょう。そのために、一人で抱え込まず、必要な情報を早期に得て、しかるべき専門家につながれるように、さまざまな分野の専門家や家族同士が連携できるミクロネットワークづくりをぜひ、ご一緒に進めていきましょう。

（一般社団法人職業リハビリテーション協会　理事）

［参考文献］
1　個性分析調査開発：（一社）じぶん創造研究所「じぶんラボ制作チーム」

家族として、働くことを応援すること

新沼まいこ

　私は20代で夫と出会い、3年半のお付き合いの後、結婚しました。こだわりのエンジンを積んだ自動車やバイクレースのこと等、好きなことを語る夫の表情はキラキラと輝き素敵に見えたものです。

　ところが一緒に生活を始めると「トイレの蓋は閉めないこと」「火を使う時には換気扇をつけ、火を止めたらすぐに消すこと」などさまざまな場面で、"夫ルール"があることを知りました。

　転職をしても新しい環境に馴染めず体調を崩し、離転職をする生活が続きました。私は作業療法士として、夫を応援したいと思っていても、自分に余裕がない時には私ばかり忙しく働いて不公平に感じ、優しくなれない時もありました。

　打開策を見つけたいと夫婦で話し合い、夫が通院する精神科クリニックの診察にも同行しました。夫が「薬を少し減らせないか」と相談すると、主治医は要求どおりに内服薬を急激に減らすという処方をしました。私は患者の体調変化を確認しながら、減薬するものと認識していたため、夫へ主治医を変えることを提案しました。

　転院先で神経心理学的検査を受けることができて、発達面に課題があることがわかりました。夫は診断をうけたことで、生きづらさの二次障害としてメンタル不調に至っていることを理解し、納得できたそうです。

　現在は、精神障害者保健福祉手帳を取得して、新たな職場で障害を開示して配慮を受けながら働いています。

　私たちにとって、夫が診断を受け、就労を3年以上継続できたことが転機となり、「子どもをもつ」という新たな選択肢をもつことができました。不安もありましたが、将来の見通しをもちづらい側面も私たち夫婦のカラーとしてとらえ話し合いを重ね、数年後に子どもを授かることもできました。

　私には作業療法士としての知識や経験もあります。しかし、夫や自分のこととなると感情的になり、家族として働くことを応援することがこんなにも難しいことなのかと実感します。

　わが家は、"夫ルール"が部屋のいたるところに貼ってあるために、訪問者に驚かれます。でも、それは私たち家族が良い関係を保ち、バランスを崩さず過ごすための秘訣なのだと思っています。そして、これからは子どもを含めた心地よい"わが家ルール"を探りながら、家族の健康を支え、心のバランスを保てるようにしたいと思っています。

（東京都　医療機関勤務・作業療法士）

発達障害当事者の就労と ウェルビーイング

3

三浦じゅんいち

1 就労の価値とウェルビーイング

　私は、北海道の十勝で暮らしている48歳の発達障害当事者で、産業カウンセラーの資格を持って働いています。新型コロナウイルスのパンデミックの影響を受け、観光業から公的機関の障害者雇用に転職し、現在は障害者雇用枠で働いています。仕事以外の地域活動として、発達障害当事者と家族の有志で「SEEDとかち」という会を立ち上げ、発達障害をもって働いている当事者、そして家族や当事者の周りにいる方のピアサポート活動を行っています。

　発達障害の診断を受けてから12年が経ちましたが、障害者雇用枠で働くことは今回初めてです。現場ではさまざまな出来事が起こりますが、その中にも経験できることや新しい学びがありますので、自分自身の成長につながっていることを感じています。

　さて、表題の就労とウェルビーイングについてですが、昨年よりはたらく人の幸せ（ウェルビーイング）について研究を進めている「一般社団法人ウェルビーイングデザイン」のはたらく幸せ研究会に入会して活動を行っていますが、そこで、「はたらく人の幸せ・不幸せ診断」というツールがあることを知りました。職場で働く中で、どれだけ幸せ・不幸せを感じているかを客観的に図ることができるのですが、私の場合は、障害者雇用枠で働いている中で生じるさまざまな苦労の経験は、地域社会にとって大きな価値があると感じていますので、地域活動に貢献できるという視点で捉えると、現在の仕事には大きな価値が見えてきました。

　このように、人生観という大きな視点の中で就労を捉えていくことで、心身が健康的で社会的にも豊かなつながりをもつウェルビーイングな暮らしが見え

てくるのかもしれません。

娘の誕生を機に生まれた新たな人生観

　私が妻と出会った頃は、私が発達障害であることは知りませんでした。二人をつなげたこととして、今でも共通的な価値があります。それは、お互いの育ちの境遇です。お互いの育った家庭環境について、同じ問題意識をもっていましたので、生まれてくる子を育てる家庭環境について、自分たちが経験してきたことは、絶対に繰り返したくないという強い想いでつながっていました。ですので、子どもの主体性が育めるような環境をつくってきましたし、夫婦間のトラブルが多々起こっていても破綻することなく、関係性が持続しています。

　私たちはお産について少し変わった経験を経ておりまして、このことが私の人生観を大きく変えることとなりました。妻は病院で出産することに抵抗を感じており、できれば家庭的な雰囲気の中で出産したいという強い想いをもっていました。たまたま地域に助産師の資格をもった保健師さんがいて、助産院の情報に詳しかったため、妻の意思を尊重して、助産院での出産を進めることにしました。

　ただ、私たちの住んでいる十勝管内には助産院はなく、およそ120km離れた釧路地域まで行かなければなりませんでした。彼女の母親や親戚には反対されていましたが、私たちの価値を貫いて助産院で産むことを決め、陣痛が始まってから120kmの距離を車で移動し、無事助産院で出産することができました。

　これらの経験を通じて、人生観を変える一つの問いが生まれました。「自分は親として娘に何を残せるだろうか？」私は当時から仕事が長続きしなかったため、金銭や物質的な資産はまず選択肢から消えましたので、しばらく答えが出ずに考えました。そして、これまで自分が生きてきたなかで大切にしてきたものを伝えていきたいという想いにたどりつき、幼少の頃から自然豊かな地域で自然に親しんで育ってきましたので、豊かな自然環境を子どもたちに残して

130

いきたいということで、自分の社会的な役割として、環境活動を始めるようになりました。このことが、私がさまざまな地域活動を進めていく原点となっています。

3 発達障害の支援がない時代に育って

私が生まれたのは1974年で、発達障害の診断を受けたのは2011年の36歳の時です。発達障害者支援法が制定されたのは2004年ですので、私が29歳の頃までは、日本の制度では発達障害児者への支援はまだ始まっていなかったことになります。

制度化されたことによって、今でこそ早期発見、早期療育、早期支援ということが進められていますが、私たちの世代は、発達障害を見過ごされてきた世代と言っても過言ではないかもしれません。

私の育った家庭環境は、夫婦喧嘩や家庭内暴力が絶えない家庭で、父親は仕事や趣味一筋だったため、子育てに関してはほとんど母親が担っていました。その母親も発達障害の傾向がありましたので、感情的になりやすく、怒り任せに物を投げつけることや壊すこともありました。今の時代では虐待で通告されるような家庭でした。育て方の良し悪しというより、家庭の中でそのような行動を見て育ってきましたので、いつからか私も同じような行動を学習し、家庭や社会の中で振る舞うことになってしまったように感じています。

幼児期から青年期までは、発達障害の特性で自分が困るというよりは、衝動的な行動によって周囲に迷惑をかけてきたことが多かったと思います。学力や運動は人並みにでき、友人もそれなりにいましたので、もし、現在のように早期発見、早期療育で早い段階で診断をつけられていたとしたら、今の自分はどうなっていたのでしょうか？ 少し想像してみると、一般で就労することや主体的にさまざまな活動を行うこともなかったかもしれません。そして、結婚して娘を生み育てることはなかったのかもしれません。

学校生活までは二次障害で困ることはありませんでしたので、やはり社会に

出てからの苦労が多かったことは間違いありませんが、その苦労の経験の中でも成長してきたことは事実で、今の自分があると感じています。私の場合は、私が望んだ時に診断を受けられたことがベストだったと思っています。

4　診断前の苦労した職業生活

　私がこれまで就いてきた職は、正社員からフリーターの時の短期的なアルバイトまで合わせると30ほどあります。そのうち自己都合で退職した職がほとんどでした。

　高校生の頃からアルバイトを行っていましたので、学生の頃から社会と仕事に触れる機会はあったのですが、その頃から、職場の環境や職員の方の振る舞いに気に食わないことがあると、職場の物に当たってすぐに辞めてしまうというような、気分任せで、後先のことを考えられずに衝動的に行動してしまうことがありました。それは社会に出てからも持ち越すことになり、職場で嫌なことが起こるとそのことに執着し、自分が正しいと思う気持ちと自分が気に入らない嫌な出来事との摩擦にストレスを感じてため込んでしまい、その結果、衝動的に事を起こして仕事を辞めてしまうことが多くありました。今思うと、自分が思う「こうあるべき」と強く信じる自己ルールで自分自身を苦しめてきたことが多かったと感じています。

　妻や職場から「なんでそこまで気にするの？」「気にしすぎじゃない？」と言われるように、些細なことでも敏感に反応して気になってしまう傾向があるようです。そうなると人並みより反応するポイントが多くなるため、それだけストレスを感じやすいところがあるように感じます。

　仕事によるストレスで発達障害の二次障害に当たる抑うつ症状が表れて、心療内科を受診していたことはありますが、その頃は精神疾患の受容はできなかったため、薬を処方されても処方箋を破り捨てて、薬物療法を拒否して過ごしていたことがあります。

　今でこそ発達障害を価値に捉え、自分の障害をオープンにして地域活動を行

うことができていますが、発達障害や精神疾患の受容に至るまでは、自分や家族、そして職場も苦労する場面が多かったと感じています。

　精神疾患や障害の受容に関しての私の経験ですが、周囲の方々からあれこれ言われても聞き入れることは難しく、「自分のことを何とか改善したい」というような、自分にとって医療的なケアが必要と思うことができてはじめて、精神疾患や障害の理解への扉が開き、受容へ向かって進んできたことと感じています。

5　障害の受容と診断後の変化

　私が発達障害の診断を受けることになった経緯についてですが、当時は保育所の用務員として働いていました。勤めて1年が過ぎた頃に、椎間板ヘルニアを発症して入院することになり、仕事を2週間ほど休まなければならなくなりました。腰を痛めたことで、肉体労働的な仕事を続けていくことの将来的な不安を大きく感じたことと、自分が休職していることで、保育所の職員や他の保育所の用務員に迷惑をかけているという思いが強くなったことで抑うつ状態になり、退院した後も仕事に復帰することができなくなりました。

　保育所で働いている中で、お昼寝の時間に個別で対応している子など、目立つ行動をする子が気になっていたことや、職員室で先生向けの発達障害の学習会などのチラシを見ていたこともあり、発達障害というキーワードを知ることができました。

　その中で、幼少期からこれまでの自分の行動を振り返ってみて、もしかしたら自分も発達障害ではないかと思うようになり、その時の状況について、地域の発達障害者支援センターに相談したところ、病院で検査を受けてみたほうがよいということを伝えられました。そして、過去に受診したことがある精神科の病院へ連絡し、発達障害の検査を受けることになりました。

　自分が発達障害かどうか知りたいということで、自ら進んで検査を希望していたこともあり、ADHDと診断されたことで、とても安心したことを覚えて

います。これまで家庭や仕事で起こしてきた衝動的な行動や仕事が続かない原因は、発達障害の特性からきているということがわかったことで、家族の安心にもつながりました。

　発達障害の診断を受けてからは、目先のことだけで就職することはなくなり、自分なりにキャリアを考えて職業を選択して働くようになりました。生活の中では、ストレスによる衝動的な行動や突発的に活動をすることがほとんどなくなり、家庭の中でも診断前より穏やかな生活ができるようになりました。私の活動的な様子が見られなくなったため、それはそれで寂しいよねと妻は、笑って話しています。

⑥　発達障害の価値を活かした地域活動のはじまり

　私が発達障害の診断を受けた病院では、当時、発達障害を診ていた医師が、「大人の発達障害勉強会」という地域に開かれたピアカウンセリングのような場を開催していましたので、主治医に確認をしてから参加することにしました。

　会に参加するまでは、地域で暮らす他の発達障害の当事者と知り合う機会が全くありませんでしたが、そこには地域の当事者はもちろん、入院中の子どもから大人の当事者、家族の方、教育関係者、福祉関係者など、さまざまな立場の方が来られていました。その場では、それぞれが苦労していることや知りたいことなど、気兼ねなくオープンに話されていて、とても大きな刺激を受けました。これまで自分が感じてきた苦労は他の当事者の方々と共通していることも多くあったため、自分だけじゃないという大きな安心感を得ることができました。

　この場で知り合った当事者や家族の方との安心したつながりが感じられる交流は、自分にとってとても大切な時間になりました。そして、このような場が地域に広がっていくことで、苦労の共感的なつながりが生まれ、一人で苦労を抱えている方々が少しでも暮らしやすくなっていくのではないだろうか？　と

いうことから、自分にできることを地域で行いたいという想いが募り、地域の当事者数名と作業療法士らの有志で、ピアサポート活動「発達ひろば」を始めることになりました。

　病院での会は、市街から離れた場所で夜の時間に行われていましたので、私たちの活動は、市街の社会福祉協議会が運営する施設で土日の日中に開催しました。はじめの頃は認知度が低いため、参加者は多くはなかったですが、継続的に活動を続けていく中で、地元の新聞社に活動の様子を取り上げていただきました。また、市民活動分野の助成金事業の採択を受け、北海道内でピアサポート活動の先進的な取り組みである「当事者研究」を行っている浦河べてるの家のみなさんや、創設者の一人である北海道医療大学の向谷地生良先生をお迎えして、当事者研究による交流を行ったこと、私のセラピストである北海道医療大学の金澤潤一郎先生をお迎えして、認知行動療法の講座を開くなど、地域のセルフケアの向上につながる行事の開催などを行っていく中で、徐々に活動の知名度は上がっていきました。

　そうして地域資源の一つと認められるようになり、メンタル不調で休職している方などの拠り所としての役割を得るようになってきました。

7　診断後の職業生活

　診断後の職業生活で自分自身が大きく変わったことは、障害特性の理解はもちろん、北海道医療大学で認知行動療法の第一人者である坂野雄二先生や大人の発達障害の認知行動療法を専門に研究されている金澤潤一郎先生からカウンセリングを受けたことで、自分の思考や認知、体調などの状態に気づくことができるようになり、ある程度ストレスを軽減できるようなセルフケアが向上したことです。

　発達障害をもって就労を続けていくには、ストレスマネジメントやレジリエンス（復元する力）を高めるような、自分自身を助けるセルフケアの向上も必要だと感じていますが、地域で学べる機会がないため、相談支援機関のサポー

トを受けながら働いていくということが現状ではないでしょうか。

　セルフケアやピアサポートの活動を続けていく中で、発達障害の当事者性が
あることで就労につながったことがあります。診断後に発達障害をオープンに
して、当事者性を地域社会に役立てたいという想いから始めた活動や産業カウ
ンセラーの勉強を続けてきたことで、発達障害の当事者として一般就労で迎え
られることがありました。それは、発達障害の当事者性や弱さの価値が社会で
認められているということだと思います。

　今後も発達障害と診断される方が増えると思いますし、さらに発達障害をも
つ方の雇用が広がっていくことが考えられますので、将来は発達障害の当事者
性をもったピアの専門職が必要とされる時代が来るかもしれません。

⑧　障害者雇用枠の就労で感じた苦労

　2020年3月にWHOは新型コロナウイルスのパンデミックを表明しました。
当時、私は北海道の十勝にある廃線跡の観光地「幸福駅」でカフェや売店の運
営に携わっていましたが、この新型コロナウイルスのパンデミックの影響で、
観光業の運営は大変な状況になることが想定できましたので、人件費を削減す
るために、障害者手帳を取得していた私は、障害者雇用を中心に求人を探して
みることにしました。

　ハローワークを利用するのは久しぶりでしたが、年度替わりの時期でもあっ
たことや時間をかけられないと思っていたこともあり、すぐにハローワークの
障害者相談部門へ相談にうかがいました。障害者雇用の求人を見ていたとこ
ろ、公立高校の環境整備員の募集がありました。過去に保育所用務員として働
いていた経験を活かせることと、待遇もかなりよい条件であったため、すぐに
求人に応募しました。面接を経て採用の連絡をいただき、人生で初めて障害者
雇用枠で就労することになりました。

　勤務初日には、職員室で新任職員の挨拶をする時間がありまして、周囲の理
解と自分の安心感をつくるために、発達障害をもっていることの自己開示を行

いました。このことは、障害者雇用の担当者の安心にもつながったことと感じています。発達障害当事者にありがちなことかもしれませんが、働く姿勢として、「しっかりまじめにきちんと仕事をしていこう」という気持ちで業務にあたりました。このことは一見するとよい心構えというように感じられるかもしれませんが、それが「べき思考」に陥ってしまうとどうでしょうか？「そうするべきだ」「そうしなければならない」という思考が強くなっていくと、職場が望んでいることを超えた妄想の要求を自分に課し、自分自身にプレッシャーをかけてしまうことや、自分でつくり出したルールを他人に押しつけようとして、対人関係に問題が生じてくることがあるように感じます。

　実際に起こったことの例ですが、本来は行う必要がある業務を同僚がいくつも行っていなかったことに私が気づいて、その業務の掘り起こしを行い、業務の一覧表を整理して作業計画をつくって業務の立て直しを図ったことがありました。このことは、上司から指示があったものではありませんでしたので、私がするべき立場でもありませんし、たとえ本来業務が行われていなくても職場が問題として捉えていなければ、私は余計なことを行ったことになります。自分のルールを信じて起こした行動で職場に変化を与えたことによって、職場が求めていない対人関係の軋轢が生まれることになりました。

　その一方で、私が勤めるようになる以前より施設が綺麗になったという声もあり、職員からそれなりの評価はありましたので、職場の要求が明確になっていて、現場と共通的な理解ができていれば、このような問題は起こりにくくなるのでないでしょうか。

　その職場では障害者雇用の採用は初めてでした。障害者雇用を採用するまでの経緯として、数名の職員から「職場では障害者雇用は採用したくなかったようだ」という話を直接聞かされたことがあり、調子を崩したことがありました。私に直接伝える意図はわかりませんでしたが、残念ながら障害者雇用を導入することに抵抗があった職場だと知ることになった出来事でした。

　この職場では、同僚との関係についての苦労が大きかったのですが、職場の管理職のラインによるケアや巡回していたスクールカウンセラーとの相談、そ

して、ハローワークや障害者就業・生活支援センター、大学の機関でのカウンセリング、一般社団法人ウェルビーイングデザインが管理する、幸せな働き方について研究し、実践するコミュニティ「はたらく幸せ研究会」で出会った本書の編者である宇野京子さんなど、職場以外のソーシャルサポートによる支えによって、3年間の任期を満了することができました。これまで48年間生きてきた中で、同じ職場で勤務する最長記録となりました。

⑨　発達障害当事者の就労とウェルビーイング

　障害者雇用で働く中で、職場に合理的配慮を求めたこともありますが、まずは自身がどのような配慮を職場に求めたいかを整理する必要があります。自己理解はもちろん、一方的なわがままにならないように、そして、自分で対処や対応できることをまとめるなど、時間をかけて合理的配慮のシートをつくりました。このシートの作成はかなり大変な作業ですが、その後は自分で直接雇用担当者と交渉することになります。

　このように、かなりの労力をかけて職場へ環境調整を求めるのですが、職場の合理的配慮の理解の程度や障害者雇用の支援担当者のサポートの質によって、合理的配慮の機能の質が変わってくるように感じます。私の職場の場合は、管理職の理解について期待できるものではありませんでしたので、合理的配慮は機能せず、空回りのもので終わってしまいました。

　仕事については、過去に業務の経験がありましたので、仕事で役に立ちたいという気持ちはありましたが、職場のニーズが不明確だったことと、仕事そのもので新たな技術が身につくことや自分の成長につながることも見込めませんでしたので、やりがいを感じて働くことは難しかったと感じています。このような中で、対人関係などによるストレスが生じてメンタル不調になってしまった場合、レジリエンスは弱く、ずるずると不調を引きずって、生活にまで影響してしまうのかもしれません。

　このように、仕事を人生の中心のように捉えてしまうと、仕事や職場の環境

に行き詰まってしまった時は、自分で環境を変えることは困難なため、立ち直ることも難しくなってしまうことも考えられます。ですので、仕事以外に家庭や地域生活において、やりがいを感じることや他者とのつながり、他者への貢献、地域での役割や活躍できる場など、少しでも充実感を得られるようなウェルビーイングな時間をつくっていくことが大切だと感じています。

　私は北海道の田舎で暮らしていますが、ウェルビーイングというキーワードに関心をもったことで全国の方々とオンラインでつながることができました。障害者雇用で働くということを人生の中心に捉えるのではなく、人生においてのさまざまな役割や経験を通じた生き方を大切に考えるライフキャリアといった視点を知ることもできました。宇野京子さんには、北海道と岡山という距離を超えて、仕事の対人関係に苦労した時にはオンラインでサポートをいただきました。また、宇野さんが北海道に視察旅行で来られた際には、実際にお会いして合理的配慮の内容についての相談をしたことなど、地域のソーシャルサポート以上に支えていただきましたので、本当に感謝しております。

　発達障害当事者が、地域で安心してさまざまな方とつながることや、役割をもって、やりがいや他者貢献を感じられるようなウェルビーイングな地域づくりに向けて、今後も自分ができる行動を地道に進めていきたいと考えています。

パートナーの「発達障害＆二次障害」

妻　三浦なおみ

　結婚して10年という節目を迎えるまでに、夫はいくつもの爆弾（怒りを感じると物を破壊する行為）を投下していました。しかし、この節目の年に、精神科で「発達障害」という称号をいただいたことにより、夫の爆弾を投下するプロセスや、脳のメカニズムが解明されていきました。

　それまでは、夫が職に就けないのは、そのすべての原因は「妻であるあなたにあり、あなたが悪い」と周囲から言われ続け、幼い娘を抱

えて一人で苦しみました。でも、この称号で私は何も悪くないことが明確になりました。ただ、二次障害がありますので、そちらの対応も本当に大変です。家庭内で予防策をはっても、社会の中では二次障害になるきっかけはたくさんありますので、家族だけで予防策をはることはできませんでした。発症したら見守りつつ、必要な専門職との連携をとることに奔走しました。と同時に、共に過ごす家族も精神的に苦しくなりますから、私自身も専門職のサポートを受けています。家庭内で抱え込むと共倒れしてしまいますので、SOSは発信して支援を受けることは必要です。

　発達障害＆二次障害は完治しなくても、改善とスキルアップをしていくことは可能です。夫は認知行動療法というカウンセリングで大きく変化しましたし、本人の気持ちも大切ですが、得意なことをどんどん伸ばしていくことで可能性は広がります。

　「いかにして共に歩んでいくか？」これは、わが家での永遠の課題であり、私自身のスキルをアップする楽しみでもあります。周囲の方や他の家庭と比較する必要はまったくなく、他のご家庭と違っていてもいいことに誇りをもち、自分たちらしく、共に寄り添い過ごしていきたいです。（北海道帯広市在住）

（非営利活動団体SEEDとかち）

当事者、保護者、支援者として目指す多様性社会とウェルビーイング

4

佐々木浩則

❶ より多くの人と対話したい

　息子の診断をきっかけに「息子と同じ世界で生きよう」と思った私は、就労支援の世界に入りました。そして支援に携わる中で私自身にADHD（注意欠如多動）の特性があることに気づきました。若い頃「どうしてあなたはそうなのか」と周囲に心配され迷惑をかけ、私自身も「どうして自分は？」と思いながらどうすることもできなかった、その理由がわかった気がしました。そして、国連障害者権利委員会の日本政府に対する総括所見（2022年）について学ぶ中で、「息子と同じ世界で生きよう」との私の動機がまちがっていたことに気づきました。息子と同じ世界で私が生きるのではなく「誰もが同じ場所で共に暮らせる」ことを大切にしたいと思いました。

　そんな私が今、目標にして取り組んでいるのは「親亡き後」の息子の人生に関する私自身の不安をなくすこと、そしてそのためにも、誰もが「居場所」「仲間」「役割」をもって幸せに暮らすDEI&B（DE&I,D&I）かつウェルビーイング（幸福）な社会を実現することです。私の経験を材料にして「多様性とインクルージョン」「心理的安全性とウェルビーイング」などについて、より多くの人と対話したいと考えて本章を執筆しました。

❷ 当事者として

　私は子どもの頃、不注意や衝動性が危険なかたちで出ることが多々ありました。成人して社会に出ると困りごとはさらに複雑化しました。「どうしてあなたはそうなのか？」と周囲に心配され迷惑をかけ、自分自身もわからず、もが

きながら歳を重ねました。そして50歳を過ぎて就労支援を学ぶ中でようやく自分のADHDを認識し、人生の謎が解けた気がしています。就労支援を始めて「教えるのが驚くほど上手」と言われることがありますが、それはADHDの私自身が生きるために年月をかけて体得したものなのだろうと思います。

　振り返れば、少しは生きやすくなりました。困りごとを学びに変えながら、納得感をもって生きることができるようになりました。このように私は障がいについて当事者意識をもっているので、インクルージョンを私自身の当事者課題と考えています。他人ごとではなく障がいを自分ごととして捉える人が増えることは、心理的安全性やウェルビーイングの実現にもつながるのではないかと私は考えます。

❸　保護者として

　小学1年生の授業参観、休み時間になると子どもたちは元気に遊びます。でも息子はひとり自分の席でおりがみを折り「はい、パパ」と渡してくれました。親として不憫な思いがあふれたのを覚えています。母親が相談すると先生は放課後に補習をするなど配慮してくれたようです。同じ頃、息子はママ友にピアノを習い始めました。教本は全曲が先生との連弾になっていて、息子はごく簡単な音を弾くだけで豊かな音楽（先生の演奏）に包まれて参加できるアレンジの曲集でした。

　週末、私は弾けないなりに先生のパートを弾いて息子の練習に付き合いました。そして思うところがあって「即興演奏遊び」を息子と始めました。「（父）何か弾いてよ」「（息子）いいよ（ガチャガチャ）」「おもちゃ箱がひっくり返ったみたいだね。もう1曲弾いてよ。次はどんな感じかなぁ」「いいよ（ガチャンガチャン）」「今度は宇宙船が爆発したみたいな感じだねぇ。ありがとう」そんなふうに時々遊びました。息子が鳴らした音を聴いて浮かんだイメージを私が話す、音と言葉のキャッチボールでした。ピアノの上達が目的ではありません。ただ息子の心を開放する時間をつくりたかったのです。

3年生の夏に転居した後はご縁がなくてピアノの先生にはつかず、即興演奏遊びだけを時々続けました。父子の大切な時間でした。転勤先の浜松は音楽の街、多様なジャンルのコンサートを聴いて楽しむ機会が日常的にありました。最初は父子で通いましたが、慣れると息子ひとりをコンサート会場へ送り届け、終わる時間に迎えに行きました。そんな日々の中で「感じたままに音で表現する」姿勢が自然と身につき、即興演奏が少しずつ音楽らしくなっていきました。「春かなぁ」「走る列車の窓辺で風に吹かれてるみたいだね」「きれいな星空が見えるねぇ」等々、父子の大切な時間でした。

　母親が勉強の遅れを心配すると、見開き2ページで1テーマになっている図鑑を一緒に読んでお話ししたり、物語を音読したりしました。5年生の時に「小学生クラス対抗30人31脚（テレビ朝日主催）」の地方大会に出場した時は、のけぞる息子を両脇の大きな同級生が抱えて走ってくれました。ある夜、息子はめずらしく真剣に30分を超える即興演奏をしました。イメージを尋ねると「戦争」と答えました。その日の授業で戦争について学んだそうです。その内容を言葉では説明してくれませんでしたが、奏でる音と姿から息子の思いがしっかりと伝わりました。

　中学生になると剣道部に入り、頑張って初段に合格しました。父子一緒に始めて1年で先に初段を取った私は、息子が3年かかるのを待ちながらさぼっていました。その後、高校卒業まで稽古を続けた息子に、私は試合で勝てなくなりました。まさにウサギとカメでした。また、学校から毎日たくさん宿題が出て困った息子は答えを写して提出するように指示されました。毎晩、何時間も答えを写す姿を見て私はたまらなくなり「やめさせてほしい」と先生に相談すると「成績に1がつきますがいいですか？」と言われて「結構です」と答えました。家庭では家族の時間を大切に過ごしたかったのです。それでも幼・小・中学校を通じて先生方には本当にお世話になりました。感謝しています。

　中学1年生の終わりに妻が亡くなりました。ゆぱ（ゆういちのパパ）と私は名乗るようになりました。ナウシカを守るユパ様のように息子を守りたいとの思いがありました。息子に「これからどうやって暮らしたい？」と聞くと「ピ

アノを弾いて暮らしたい」と言うので「そうか、じゃあそうしよう」と約束して、街の音楽セッションに父子で参加し始めました。特にブルースは三つの和音で簡単に楽しめるので息子も参加でき、おじさんたちにとても可愛がってもらいました。

　2年生の三者面談で「公立高校には進学できない」と言われて探し回り、通信制高校と提携して設置されたばかりの音楽専門学校高校科に進学しました。浜松から名古屋まで在来線で往復5時間かけて通学し、屋久島にある通信制高校で毎年スクーリングがありました。学校近くのカフェが息子の居場所でした。

　そして、親身になってくれるプロドラマーとベーシストのサポートを得てピアノリサイタルを始めました。リサイタルは生涯続けると決めました（本章執筆時点10年間で16回開催）。通信制高校に入学してご縁ができた屋久島に父子で通い、父子2人での初めてのコンサートを屋久島で行うご縁にも恵まれました。息子の練習相手として私も数十年ぶりに歌い始めていました。また東日本大震災で被災された方々に「春に突然家族を亡くした仲間」との思いを抱き、東北に父子で通って音楽仲間ができました。

　そんなふうにして「母親の代わりを誰か1人にお願いすることは難しくても100分の1ずつならお願いできるかもしれない。100人の母親代わりをつくり一緒に育ててもらいたい」と思って交流を重ね、たくさんの仲間に支えられました。当時のブログ「ゆぱの家」5年間1,500本の記事にそのすべてが記されています。神さまになった母親に見守られ導かれて生きる息子の物語です。

　とても頑張り充実した日々を送る息子でしたが、どうしても生活しづらい一面がありました。ある時NHKで発達障がいに関する番組を観ました。「適切な支援なく大人になると複雑化してさらに困ることがある」と知り「もしかすると息子もそうなのかもしれない」と検査を受けました。結果は知的障がいでした。手帳取得をためらう私に医師は「多面的に検査し、本人も精神状態良好で意欲的に受検した結果なので、今後の数値向上は見込めずボーダーでも発達障がいでもない。子どもの将来にわたる保障を親が奪うことはできないのではないか。手帳はお守りです」と言いました。「障がいなら仕方ない、息子のせ

いではない。今まで本当によく頑張ってきた。これからはそちらの世界で生きていけばよい。大きなつながりをいただいた」と私は思いました。

　それでも息子の可能性をあきらめたくなかった私は、一番安全な国と思えたニュージーランドでのワーキングホリデー（ワーホリ）を計画しました。高校時代に国内でたくさんの一人旅を経験した息子は、お世話になった方々を訪ねる「高校卒業お礼参り」として、青森から屋久島まで電車や高速バス、貨物船などで一人旅をした後、ニュージーランドに旅立ちました。現地の語学学校で英語を学びながら学生寮で半年暮らし、その後はバックパッカーズを泊まり歩き、ストリート演奏で小遣いを稼ぎ、ピアノを弾くために通った教会の牧師に紹介されたお宅でホームステイを経験するなど、ニュージーランド国内を北端から南端まで、日本列島と同じくらいの距離を縦断しました。どこでもピアノが息子を守ってくれました。私は面識のない同国の方々と当時は電子メールだけで連絡をとりながら、1年間にわたる息子の一人旅を遠い日本からサポートしました。神さまになった母親が見守ってくれました。

　無事に帰国し、成人した息子の将来を案じた私は「ピアノを弾きながら働ける」と紹介された福祉作業所カフェを息子と一緒に見学しました。とてもいい環境と私は思いました。しかし息子は拒否しました。「僕は障がい者じゃない。パパが検査させたから、僕は障がい者になってしまった」と泣き崩れました。私は、なす術なく息子を見守りました。

　高校までは学校や音楽仲間、ワーホリ中もそれぞれ居場所がありましたが、帰国後は居場所が見つかりませんでした。息子は「自分のピアノカフェを開きたい」との夢をもち、そのために見習いをしたいと考えて、知り合いのカフェなどを一人で回りましたが、受け入れてもらえる店はありませんでした。私が働いている平日昼間に独りで過ごす息子は、ニュージーランドでしていたストリートピアノ演奏を始めました。でも忙しい日本の街なかでニュージーランドのようなフレンドリーな反応は少なく、さまざまなことに孤独感と疎外感を募らせた息子はパニックを起こして入院しました。

　入院当日、息子と私は「保護室」の前で抱き合って泣きました。入院してい

た2か月半、私は毎晩欠かさず息子の病室を訪ねて一緒に過ごしました。病院の入口に咲くキンモクセイの香りに包まれたさまざまな思い出があります。予定の3か月より早く退院した息子は、福祉作業所に利用者ではなくピアニストとして通い、居場所と演奏の役割を与えられました。でも病院から社会に戻ると再び疎外感が刺激され、症状悪化により投薬が増え、薬の副作用アカシジアで頭や手足の震えに苦しみました。作業所の行き帰りに暴れるようになり送迎が必要になったため、そこで初めて福祉利用契約をしました。何か所もの福祉作業所でお世話になり、さまざまな経験をさせていただきました。再びパニックを起こして再入院もしました。二度にわたる入院中に毎日見舞った経験を、看護学校の家族学の特別授業でその後お話ししています。

　息子を独りにすると疎外感によるトラブルが起こるので「片時も独りにしない」と決め、昼間はさまざまな福祉サービスのお世話になりました。でも夜は父子2人きりになり、しばしば行き詰まりました。回復については主治医も明言を避けました。ただつらく、何の見通しももてない中、「始めないと始まらない」と決意してピアノ演奏活動を再開しました。私がプロデュースしてレコーディングも始め、4年間でCD4作品を制作しました。葛藤と回復の過程が刻まれた、生涯のこの時にしか遺せない作品群になりました。

　そしてパニック発症後5年を経た今、ようやく回復の実感がもてるようになりました。まだまだ症状は残っていますが、何があっても「でも、もうあの時と同じではない」と本当につらかった数年間と比較して、不安をこらえて対応することができるようになりました。息子も「電車やバスには怖くて乗れないけど、自分で車を運転すれば通勤できる。働きたい」と自ら頑張って運転免許を取得し、次はパソコンの勉強を始めています。就労継続支援B型から就労移行支援事業所に本人の強い意志で移る予定です。

　振り返れば、母親が亡くなったその日から父子2人3脚で歩んできました。1人の母親の代わりに老若男女100人に一緒に育ててもらいたいとの思いで交流を広げてきました。心のふるさとがたくさんできました。

　以上の経験から、多様なつながりをもつことの大切さと「継続は力、継続こ

そ力」ということを私は学びました。障がいとは何でしょうか？　すべての経験と学びを、障がいのある息子が私に与えてくれたことに感謝しています。

4　支援者として

障がい診断を受けた息子と同じ世界で生きたいと思い（それが間違っていたことは冒頭に書きました）、私は就労支援を仕事にしました。精神・発達障がいのある人の雇用が増える職場で支援専門力向上の必要性を感じた私は、外部ジョブコーチの活用を会社に提案しました。その結果、私自身が研修を受けて社長直属の専任ジョブコーチになりました。新設された役割なので、社長と相談し管理職と協力しながら自分の仕事を一からつくっていきました。

困りごとが見えにくい精神・発達障がいに対応するために、年間500回を超える社員面談を業務の中心にしました。プライベートの不調が仕事に影響することも考慮する必要があるため、就労・生活すべての困りごとの相談を受けました。もちろん私一人では対応できないので、相談を受けた上で社内外の関係者（社長、管理職、就労支援、医療、福祉、介護、学校、警察、家族等）につないで協力して支援しました。私はその調整役を務めています。

そしてその中で私は、病気や障がいよりも症状や「困りごと」にフォーカスして「誰かが何かに困っているなら、協力して何とかしよう」とシンプルに対応することを心がけています。面談の専門力を高めるために産業カウンセラーの資格を取得しました。一般社団法人職業リハビリテーション協会でも学んでいます。毎週のように多職種の仲間とオンラインゼミで歴史（理論と体系）を学びディスカッションを重ねています。会社の安全衛生を担当し、二種衛生管理者国家資格や一般社団法人精神・発達障害者就労支援専門職育成協会の就労支援士資格も取得しました。

協力・実践・研究を通じて、さまざまな障がいがあっても安心安全に働ける環境をつくることはできてきましたが、安心して働けるようになると社員は「働きがい」や「生きがい」をさらに求めるようになります。人は誰もが人生にお

ける自分の「役割」に納得感をもって生きる権利があります。私はそのような「キャリアへの温かなまなざし」をもって支援することを大切に考え、一人ひとりに応じた具体的なキャリア形成支援の方法を模索し、学び始めています。

私は息子の心と命（安心・安全）を守り、その後しだいに息子のキャリア形成を支援するようになりました。職場で私が支援する一人ひとりの社員に対しても、安心・安全を確保した上で今、キャリア形成支援にたどりついたのだと思います。冒頭にも書きましたが、日本は国連障害者権利委員会から「誰もが同じ場所で共に暮らす権利がある」ことを重視した勧告を受けました。教育、医療、福祉、雇用に共通する日本の分離制度は確かに安心安全な面があります。でもたとえトラブルがあっても、多様なつながりの中で共に生きることでこそ得られる深い経験や成長があることを、障がいがありながら偶然インクルーシブな環境で育った息子や私自身の経験から実感しています。

しかしながら性急な変革はリスクを伴います。成長よりも安心安全を優先したい人もいるでしょう。それならば、まずは分離制度とインクルージョンのよい点を組み合わせることを大切にしたいと今、私は考えています。

5 息子と2人3脚で、多様な仲間と共に生きる

障がいの有無にかかわらずウェルビーイングの実現を目指したい。それは高邁な理想ではなく、息子を幸せにしたい、息子と共に私も幸せになりたい。ただそれだけです。それを教えてくれた息子や、私たち父子の2人3脚を見守り共に生きる多様な仲間に感謝しています。

息子のプライバシーに触れた本章の公開について、息子自身の了承を得るために、ある支援者立会いのもと、息子に本章を読み聞かせました。「事実だから。僕のことを多くの人に理解してもらいたい」と息子は泣きながらも、力強くうなずいてくれました。

以上、息子の27歳の誕生日に記します。

（一般社団法人職業リハビリテーション協会　理事）

支援者として視座を意識する
バーンアウトしないために
宇野京子

「バーンアウト」とは燃え尽き症候群とも呼ばれ、今まで熱心に仕事に取り組んでいた人が、急に熱意や意欲を失ってしまう様態を指します。WHOが発行する『疾病及び関連保健問題の国際統計分類（国際疾病分類）』第11版（ICD-11）では、バーンアウトが国際的な統一基準で定められた疾病として分類されています。

バーンアウトは、適応障害やうつ病になるケースもあります。責任感が強く、真面目に仕事に取り組む人ほどなりやすい傾向があります。職場内の人間関係から心理的安全性が担保されていない場合や劣悪な勤務体制も原因とされています。貴重な人材を休職や離職させないためにも、企業には職場環境を意識しておく必要があります。

私は支援者として、自分自身のメンタルを守るために、自分の役割（立場）や「視座」を意識するようにしています。「視座」とは、「物事をどの位置から捉えるのか」という「物事をみる上での立場」のことを示しますが、視座が高ければ物事を俯瞰的に捉えることができます。

一般就労の現場で支援をするジョブコーチ等は、企業と障害のある職員との間で、感情や会話がすれ違い悪循環を起こす場合もあります。そのような時には、状況を好転させるきっかけとなる何かが必要になります。

障害のある職員へは「なぜ、その企業で、何のために働くのか」を問い、本人の認知能力や職業能力などのアセスメントを基に、視覚的な関わりや理解度に合わせた支援内容の再調整を行い、本人（場合によっては保護者）へは労働観を確認します。

企業へは、職員（本人）のどのような場面が課題になっているのか、業務として要求する能力と本人との差異があるのかを具体的な事例から教えてもらい、いつまでに、何をもって課題が改善したと見なすのかを提示してもらいます。その理由は、企業は利益優先の考えがあり、全体最適の前提があります。企業の理念や規模によっても、意思決定の優先順位も異なります。法定雇用率を達成することを目的とした雇用管理でよしとしているのか、障害のある職員も組織の一員として認め、環境整備や研修制度を用いてキャリア形成の意欲があるのかなど、障害者雇用の量と質という問題の本音が出てくる場合もあります。それを知ることによって、対象者の課題とされる事象も、

column

企業の姿勢を確認することで無駄な軋轢を回避できると感じています。

その上で、支援者として本人が肯定的に課題解決に向き合えるよう、本人の価値観や優先順位を整理し、対象者の自己実現に向かって見通しをもって主体的・能動的に行動できるように提案します。1年先または3年先の「ありたい像」について、そのために獲得しておきたいソフトスキルやハードスキルの目標設定を企業担当者と共有します。可能な場合は、家族にも参加してもらい日常生活の変化から見守りをしてもらいます。そうすることにより、対象者が自身のライフキャリアを意識することが可能となり、就労態度も変化し、本人自身が周囲との関係性の変化にも気づきやすくなります。職場定着に向けた取り組み策も見えてきます。支援者が、多様な常識や価値観、生活感覚を備えた人が混在する企業に出入りすることには、目に見えない意味があるように思います。

（一般社団法人職業リハビリテーション協会　理事）

障害のある子どもと日米で 歩んだ経験から、そして今

5

早川武彦

1 恥ずかしい思い

　北海道の雪でも滑らないはずの長靴の性能を過信したせいか、気がつくと後頭部を打つほどに派手な転倒をしていた。幸い、柔らかめの床だったので衝撃は少なく、痛みもそれほどではなかった。それでも周囲の人たちからは微かな悲鳴の声が上がり、あっという間に4〜5人の人だかりができた。『大丈夫ですか？』と手を差し伸べてくれたのは、70歳は超えたであろう高齢の女性。気がつくと、人だかりはみんな高齢者だった。本来であれば私のほうが介助しなくてはならないはずの年上の人たちばかり。私は、細くて今にも折れそうな女性の腕に支えられながら立ち上がることになった。ありがたいと思う反面、申し訳ない思いと、恥ずかしいという思いが交錯して、少しでも早くその場を逃げ出したい気持ちでいっぱいになった。

　「ご心配をおかけしました」……お礼もそこそこに、その場を立ち去ろうとした時、今度は40歳くらいの若い男性が血相を変えて駆け寄ってきた。「大丈夫ですか？」と声をかけてくれたその男性は、スーパーの店長らしき身なりの人だった。杖をついておずおずと歩く私の姿は、周囲から見ると障害者なのは明らかだったのだろう。その明らかな障害者がスーパーの入口で転んで怪我でもしたら、店としても責任問題になりかねない。『大丈夫ですか？』と心配そうに何度も声をかける店長らしき男性に対して、私は「大丈夫です。ご心配をおかけしました」と丁重に答え、そして、手を差し伸べてくれた女性にも再度深々と頭を下げたうえで、ようやくその場を立ち去ることができた。

　スーパーの駐車場に停めていた車へ一目散に戻り、運転席へと滑りこんだ私は、深く深呼吸をした。しばらくして恥ずかしい思いが少し落ち着いてきた頃、

スーパーでの買い物が終わっていないことに気がつく。でも、買い物をするために事故現場へ戻る気持ちにはもうなれない。結局、その日は何も買わずに帰ることにした。帰宅後「今日は買い物できなかったよ」と妻に謝ることになったのは、日本全国に大寒波が襲った大荒れの日、1月下旬の出来事だった。

2 日本の障害者福祉制度

　一昨年2021年、私は原因不明の筋肉の難病を患ったことで、重度の障害者認定を受けた。進行性の病気でいまだ治療方法が見つかっていない厄介なものだ。発病するまではアメリカで生活していたが、医療費の負担があまりにも大きく、生活を維持することが難しいことから、すでに永住を決めていたアメリカ生活を断念せざるを得なかった。アメリカの永住権や持ち家も手放して、日本へ帰国することになったのが2021年のことだった。

　もともとアメリカでの生活を始めたのは、そこから遡ること20年前、2001年のことだ。強度の行動障害を伴う自閉症者だったわが家の長男（諒）のために、日本よりも進んでいると言われていたアメリカでの療育環境を求めての渡米だった。実際のところ、アメリカでの障害者に対する人々の目は寛大で、大変住みやすい生活だった。諒は7歳〜21歳までの14年間、アメリカの現地校に通うことになったが、噂されていたとおり、アメリカでは地域共生の基本方針に則って健常児との統合教育がなされていた。充実した学生生活を送ることができたのだ。こうして育った諒は、そのまま障害者に優しいアメリカの福祉制度に支えられて、学校卒業後も施設や企業に迎え入れられるものと考えていた。ところが、実際には厳しい現実が待っていた。

　諒が学校を卒業する学年になったある日、州の就労支援機関 The Division of Vocational Rehabilitation（DVR）から学校へ担当者が派遣されてきた。担当者は、諒の障害の度合いを査定して、学校卒業後の就労支援計画を立案するのが仕事だ。ところが、担当者から告げられた内容は酷いものだった。諒のような重度の障害者、すなわち短時間の作業にも集中ができず、常に支援員によ

るサポートが必要なレベルの場合は、行政による就労支援は一切得られないという内容だった。学校を卒業後、行き場を失った諒は、5年間にもわたる自宅でのひきこもり生活を強いられることになった。このひきこもり生活が、諒の問題行動を助長する原因となり、アメリカで生活を継続すること自体が限界を迎えてしまう。そして、ちょうどその頃に私が難病を患ったことが、日本へ帰国することを決定づけるものとなったのだ。

　諒を日本へ連れて帰ることができれば、彼が重度の障害者だとしても生活介護事業所という行政主導の障害者施設が受け入れ先として存在している。日本では、健常者と障害者との分離された社会制度が問題視されてはいるものの、実際には、障害の度合いに応じて取りこぼしのない障害者福祉制度が存在している。就職以降の環境についてだけを比較すれば、日本には重度の障害者に優しく寄り添った仕組みがあるのだ。

　さらに、わが家がアメリカで過ごしていた2001年からの20年の間には、障害者総合支援法をはじめとした障害者の生活を支援する数々の法整備がなされ、障害者との垣根がない共生社会を目指しての動きが盛んになっていた。アメリカへ移住した当時の日本社会と比較しても、大きく改善された様子だった。なかでも、障害者の雇用均等を図る取り組みについては、障害者雇用促進法によって、民間企業に課せられる法定雇用率が2.3％に定められるなどして、障害者の就労に対する支援環境も進んできていた。

　これらの状況を踏まえても、諒のような重度の障害者であっても取りこぼされることなく、日本の福祉制度に支えられながら生きていけるかもしれない、という期待をもつことができた。こうして、諒は1年ほどの準備期間を経て、2021年には、日本への帰国を目指すこととなった。

　ところが、わが家がアメリカを発つ数日前、諒はてんかんの発作を起こして他界してしまう。結局、諒を日本へ連れて帰ることはできなかったのだ。失意の中、わが家は残りの家族4人で帰国の途に就くことになった。もう2年近く前の出来事になってしまったが、今でも「もし諒を日本へ連れて帰ることができたら、どんな生活が送れていただろう？」と想像することがある。「日本の

法律や福祉制度に支援されながら、就労の機会が得られたかもしれない」。そして、「本書の中でも記された志の高い就労支援の方々からのサポートを受けながら、健やかで充実した人生を歩んでいけたのかもしれない」。そんなことを思うと、無念さで心が押し潰されそうになる。

　でも、そんな思いの中、心を澄ましていると、「今の日本に帰っても、きっと僕は健やかな生活なんか送れなかったよ。だって社会がまだ変わっていないもん」。そんな息子の声が聞こえた。

③　今の日本に不足しているもの

　確かに、どんなに制度や法律が改善されたとしても、社会そのものからの障害者に対する理解が進まないかぎり、障害者の健やかな生活環境を実現することは難しいだろう。法律、制度、支援者の裁量に加えて、社会側の理解があって初めて実現するものだ。日本の社会にはまだその理解が欠けている。そもそも2001年にわが家がアメリカへ移住することを決心した最大の理由は、日本社会における障害者に対する理解の低さに、強く生きづらさを感じたからだった。

　諒がまだ日本で住んでいた5歳くらいの頃、諒を連れてあるおもちゃ屋に出かけた。そこで孫らしき男の子を連れたお婆ちゃんと出会った。諒は、そのお孫さんに興味があったらしく、ちょっとだけ男の子の身体に触れた。何の悪気もなく、手を伸ばして触れた程度のことだった。ところが、その様子を見ていたお婆ちゃんは、お孫さんとの間に入って「あ〜、怖ろしや怖ろしや」と言って凄い形相で諒と私を睨みつけた。まさかのドラマの世界、と思うくらいのシーンだった。これは、そのお婆ちゃんが意地悪だったというわけではなく、自閉症児のことを単に知らないということだったのだろう。当時の日本の社会は、知的障害者に対する理解度が低く、本当に生きづらい社会だったのだ。そして、この日本の状況は当時も今もほとんど変わっていない。

　人間は知らないものに対して恐怖を抱くのは当たり前のことだ。この「あ〜

怖ろしや怖ろしや」と言ったお婆ちゃんの場合も、障害者のことを知らないために恐れているだけだったのだろう。日本の一般の学校では、特殊学級で軽度の障害者に会う機会はあっても、重度の障害者に会うことはほとんどない。結局、大概の日本の人々は障害者のことを知らずに育ってしまう。分離教育で育った日本のお婆ちゃんが、「あ〜、怖ろしや怖ろしや」と言うのは、障害者に対するごく自然な反応になってしまうのだ。このお婆ちゃんが、日本の象徴だったのである。

　前述のとおり、この20年間で障害者の福祉制度や法律は大きく改善、発展していて、それは素晴らしい動きではある。でも、健常者の障害者に対する理解が進まないかぎり、障害者が健やかに働いて生活できる環境を築くことは不可能だ。その絶対的な必要条件が、今の日本では欠如している。この欠如を裏づけるような問題事例もある。それは、障害者雇用促進法により定められている法定雇用率を逆手に取って障害者を雇用する「代行ビジネス」というものだ。

　障害者雇用促進法の規定により、障害者の雇用数が法定雇用率を満たせなかった企業は、不足する障害者1人につき月額5万円の罰則が課せられることになり、満たせない状況が続くと企業名が公表されて社会的な信用を失うことになる。各企業は法定雇用率を満たすべく、障害者の雇用に取り組むことになるが、実際に障害者を雇用することは容易ではなく職場でのトラブルが絶えない。このため、障害者とは雇用契約を結び、形式上は法定雇用率を満たしながら、実際の就労は代行業者へ委託するという「代行ビジネス」という仕組みが流行り出したのだ。

　この「代行ビジネス」によって、企業側は難しい障害者雇用を避けながらも法定雇用率を満たすことができるので罰則も課せられずに済むことになる。同時に、雇用される障害者側も、障害者の特性をよく理解してくれている代行業者のところで就労ができるというメリットがある。給料も、行政主導の社会福祉施設で働くよりも高給だ。すなわち、この仕組みに関わるすべての人たちがハッピーということなのだ。このため、この「代行ビジネス」は数年で急速に伸びて、今では十数事業者が展開し、全国で約800社、働く障害者は約5千人

に上るという。誰も傷つく人が存在しないどころか、障害者自身や家族からは「代行ビジネス」側が感謝されるという。こんな状況から「代行ビジネス」を提供する業者は、何の罪の意識も感じていないどころか、社会奉仕を行っているくらいの認識のようだ。有名な大企業ですら「代行ビジネス」を利用する企業として名を連ねている。

　もともと、法定雇用率が設定された本来の目的は、ダイバーシティ（多様性）を認め合って雇用の均等化を図り、インクルーシブ（地域共生）な社会を実現することのはずだ。すなわち、健常者と障害者を同じ職場で就労させることで、共に理解し合うのが大前提である。いくら「代行ビジネス」に関わる人たちすべてがハッピーになったとしても、健常者と障害者が共に働く環境を築かなければ本末転倒なのである。健常者との職場を共にしない「代行ビジネス」が横行するかぎり、本来の目的である共生社会も実現は難しいのだ。このままでは二十数年前に出会ったお婆ちゃんとなんら変わらない人々、すなわち障害者のことを知らない人々によって日本の社会は延々と管理され続けてしまう。いつまでも障害者にとっては分離された生きづらい社会のままだ。

　そしてもう一つ、これはイギリスのある町での話である。その町では車いすの障害者でも電車を利用しての移動を躊躇しないという。障害者が駅の階段の下まで来ると、自然と人々が集まってきて、車いすごと階段の上まで運んでくれる。駅にエレベーターが設置されていなくても躊躇なく利用できるのだ。一方、日本の場合は、車いすの障害者が駅の階段に来ると、イギリス同様に手助けしてくれる人は集まってはくるものの、同時に「エレベーターが設置されていない駅を利用する迷惑な障害者がいた」とインターネット上で炎上してしまう。つまり、日本では、障害者が躊躇なく電車の移動ができるのは、実質的にエレベーターがある駅に限定されるのだ。なんとも情けない思いがする話ではあるが、これも障害者との学校生活を共にしたことがない人々が、日本の社会を構成しているがゆえに起こる問題なのだろう。

　私は、このような状況の日本の社会へ諒を連れて帰れなかったことに、逆に安堵の念を抱いてしまうのである。

4　アメリカに倣えること

　さて、2022年9月、国連の障害者権利委員会から日本政府への勧告があった。障害児を分離した日本の特別支援教育（特別支援学校）の原則廃止を要請したものである。これは、欧米ではすでに主流となっている幼少時期からの統合教育を、日本でも実現することを促すものだが、これに対する日本政府の反応は及び腰になっている。現状の分離教育の現場ですら、教師不足や学級崩壊が起こっているのが日本の状況なので、とても障害児を受け入れるような学校の統合は不可能だと思っているかのようだ。

　非常に残念なことだが、現実問題として及び腰になる理由も理解はできる。しかし、もし日本でも学校を一緒にするという革新的なことができれば、一時のハレーションを起こしながらでも、健常者は障害者のことを理解しながら育つことができる。前述した、お婆ちゃんの話や「代行ビジネス」といった問題に象徴されるような、障害者との分断問題も自然と解消されていくだろう。幼少時期からの統合教育を実現することが、障害者との地域共生社会を築けるかどうかの鍵を握っているのだ。

　そして、障害者の就労環境についても、企業側の障害者に対する理解が進まないかぎり、いくら制度や法律の整備が進んだとしても、働きやすい環境を整えることは困難であろう。幼少の教育現場から障害者と交わる機会がなかった健常者が、社会人になった途端に、いきなり障害者と一緒に働けと言われても到底無理な話だ。やはり、就労支援の場においても、幼児期からの統合教育によって障害者のことを理解できる企業側の人が、どうしても必要なのである。

　とは言え、現実問題としては、統合教育は簡単には実現できない、というのが日本の実情であろう。何か他に人々の障害者に対する理解を深める策はないのだろうか？

　実は、統合教育が実現できなくとも実行できる秀逸なアイデアがある。どれも、わが家の20年間のアメリカ生活[1]で経験したもので、アメリカが教えてく

1　ワシントン州ベルビュー市での実例。アメリカ全体に共通とはかぎらない。

れたものである。お金をあまりかけずに、いち早く日本の社会を変えていける
かもしれないというアイディア。それらを紹介したい。

① Community Service（ボランティア制度）

　アメリカでは高校卒業の要件として、40時間のボランティア（社会奉仕）
を行わなくてはならない。学生は、政府へ登録された企業や団体にて公式なボ
ランティア活動を行い、活動の証明書を入手して高校へ提出する必要がある。
ボランティア先の企業や団体には、さまざまな形態の企業が登録されているが、
福祉法人も多数存在している。このため、高校生は、自ずと福祉業界でボラン
ティアを行う機会が増える。実際に障害者のケアに携わることになる学生の場
合、それまで福祉業界に興味がなかった人でも、ボランティア活動を通して興
味をもち、結果として福祉業界へ進む人も出てくる。仮に福祉業界に進まない
にしても、ボランティア活動を通して障害者ケアの経験をもつことになる。

② Peer Tutor(ピアチューター制度)

　学校生活の中で、生徒同士で得意な事を指導し、助け合う制度をピアチュー
ターという。学校内に障害者がいる場合は、後輩に限らず年上の障害者を専任
でお世話をする担当になることができる。具体的には食事の介助をしたり、授
業のサポートをしたりといった活動だが、そのお世話をした時間が、ボラン
ティア制度の高校卒業要件の時間として換算される。世話をする側の学生に
とっては、学校の外の施設でボランティアを行うよりも、学校内で行えたほう
が効率がいいし負担も少ないので喜んでこの制度を活用する学生も多い。

　障害者のピアチューターとして担当になった学生は、長時間の学校生活を障
害者と共に過ごすことになるため、卒業までには兄弟のような関係になる。卒
業式に家族のように喜ぶ姿は感動的なものだった。学校生活が分離している日
本のケースでは採用が難しい制度かもしれないが、それでも支援学級がある一
般学校であれば、採用の余地がある。

③ **Athletes for Kids（学生派遣制度）**

　体育部で体力に自信がある学生を、週一度、2時間程度の頻度で、障害者の家庭へ手伝い人として派遣する制度。高校卒業の要件ではないものの、アメリカ社会は過去の歴史的な経験から弱者を庇護できる人を目指すという社会的な考えが浸透している。このため、大学受験時の内申点の見かけをよくする目的でも、進んで制度に参加する学生もいる。

　これら3つのアイデアは、一般校と特別支援学校の建物を統合するといった、物理的に大きな経済負担を伴わないものばかりである。単なる制度の決めごとなので分離教育のままでも比較的採用しやすいものだ。もし、日本でもこのような制度が導入できれば、いやおうなく障害者と携わる環境の中で学生たちは育つことになる。自ずと日本社会でも、障害者への理解が進み、比較的早い時期から障害者が住みやすい社会に変わる可能性を秘めている。一気に物理的な統合教育の実現が難しいとしても、ここに示されたようなアメリカのアイデアを採用すれば、統合教育に向けた一歩を踏み出すことができるはずだ。

5　恥ずかしい思いをした本当の理由

　まだまだ統合教育の実現がおぼつかない日本において、多様性を認め合える地域共生社会を実現していくためには、前述した教育改革もさることながら、当事者による活動も肝要だろう。困っている障害者自身が救いを求めれば、その必要性が社会へ伝わりやすいはずだ。私の場合は、帰国後に本を出版したり、講演活動をさせてもらっているが、諒のために過ごした20年間のアメリカ生活から得た気づきや経験を活かすことができれば、諒が「命」をかけてアメリカで生きた証にもなると考えている。こうして本書に文章を残せることも、亡くなった諒との共同活動の一つとしてうれしく思う。諒も天国で喜んでくれているに違いない。

　そして、当事者の私自身が直接的に社会を変えていけることはないだろう

か？ そんなことを考えながら、先日の転倒事件があったスーパーへ改めて買い物に出かけてみる。すると、スーパーの入り口には、靴の雪を落とすためのマットが４重にも連ねて敷かれているのが目に入った。しかも「注意！床が大変滑りやすくなっております」と注意書きされた看板も複数設置されている。私にとって恥ずかしかった転倒事件がきっかけで設置されたもののようだった。結局、私の転倒事件は、障害者に対する合理的配慮、すなわち安全な環境を整えるためのきっかけになっていたのだ。この状況を見て「これも共生化活動の一つだったのかぁ」と気がついた。「雪の大荒れの天気でも、果敢に外に出て転倒する」そんな

諒がアメリカで愛用していた三輪車は、諒が帰国後にお世話になるはずだった北海道の生活介護事業所に寄贈され、知的障害者とともに北の大地を疾走している。

身を挺した活動でも、次世代の障害者にとって生きやすい社会環境づくりにつながるのであればたやすいことなのかもしれない。でも、読者の皆様を心配させてはならない。転倒には十分に気をつけて、帽子くらいは被って行くことにしたい。

（障害者支援経験者・当事者）

［参考文献］
1 早川武彦（2022）『僕が帰りたかった本当の理由』、サンジェルマン出版

不登校の子どもたちに対する学びの保障について考えよう

真鍋陽子

日本では少子高齢化が進んでいる一方で、不登校、引きこもりなど社会生活からの離脱を余儀なくされている子どもの数は年々増加しています（コラム『子どもたちの生きていく未来を知ろう』参照）。だからこそ、こういった明らかに助けを求めている子どもたちが早い段階で個々のニーズに合わせた学びや支援に繋がることができれば、子どもたちの将来的な自立にもつながっていくだろうと考えています。

不登校状態といえども学校に行けないだけで子どもに学習意欲がある場合では、保護者がなんとか子どもを支援しようと学校代わりに通わせている民間施設（フリースクールや塾、各種習いごとなど）にかける教育費がかさんで家計を圧迫している、子どもの見守りのために保護者（多くは母親）が外で働くことができず生活は苦しくなるばかりだ、というご相談を受けることも多いです。

平成28年12月、教育機会確保法[1]が公布され、教育機会の確保等に関する施策において「国、地方公共団体、教育機会の確保等に関する活動を行う民間の団体その他の関係者の相互の密接な連携の下に行われるようにすること。」との基本理念が示されました。

令和元年10月、文部科学省から出た「不登校児童生徒への支援の在り方について（通知）」の中では、「不登校児童生徒に対する多様な教育機会の確保」において、「不登校児童生徒の一人一人の状況に応じて、教育支援センター、不登校特例校、フリースクールなどの民間施設、ICTを活用した学習支援など、多様な教育機会を確保する必要があること」と明記されています。

令和5年3月、文部科学省が公表した「誰一人取り残されない学びの保障に向けた不登校対策（COCOLOプラン）」においては、「多様な学びの場、居場所を確保」の中で「社会的自立に向けて連続した学習ができるよう、学校や教育委員会とNPOやフリースクール等との連携を強化します。」と言及されています。

令和5年8月現在、東京都[2]、滋賀県草

1　正式名称「義務教育の段階における普通教育に相当する教育の機会の確保等に関する法律」
2　東京都教育委員会（教育庁指導部指導企画課不登施策担当）「令和5年度フリースクール等に通う不登校児童・生徒支援調査研究事業への調査研究協力者の募集について」、https://www.kyoiku.metro.tokyo.lg.jp/school/content/research_collaborator.html、2023年8月2日

津市[3]、佐賀県杵島郡江北町[4]などではフリースクールを利用する不登校の生徒に対する利用助成が行われています。助成を行っている自治体においては、フリースクールに通うことで生徒たちの気持ちが前向きになっているなどの成果が出始めています。保護者からも経済的、精神的な負担が減り気持ちが前向きになったなどの意見も出ています。とはいえ、ほとんどの地方自治体においては、まだまだ試行錯誤の段階にあるというのが現状です。

不登校児童生徒の学びの保障について、地方自治体は使命感を持ち、その法律や通知に基づくシステムを主体的に地域に実装していかなければなりません。そして国は、地方自治体における実践を支えるために今後は方針を出すだけではなく、補助も充実させていく必要性があるでしょう。

（笠岡市議会議員）

---

3 草津市（教育委員会事務局児童生徒支援課児童生徒支援係）「草津市フリースクール利用児童生徒支援補助金」、https://www.city.kusatsu.shiga.jp/kosodate/teatejosei/freeschool900.html、2023年8月2日

4 江北町（こども教育課総務企画係）「江北町フリースクール等奨学金」、https://www.town.kouhoku.saga.jp/kiji0031993/index.html、2023年8月2日

6 支援を受ける子どもたちの立場から

日野公三

1 小さい時のつまずきが、就労のつまずきに

　子どもたちが成長する上でのつまずきは、将来の就労にも深い影響を与えることがあります。特に障害のある子どもたちは、小さい時からさまざまな困難に直面し、それらを克服するための支援が必要です。

　幼少時の発語の遅れ、ひとり遊びの癖、ぐずり、多動や衝動性、関心が移りやすい、眠りが浅い、夜泣きなどがあって育てにくかったという子は、ある種の発達の課題を、ずっと持ち合わせている場合があります。感情をうまく表せないとか、人と目を合わせないとかもです。

　私は小学校や幼稚園、保育園に見学に行ったときは必ず、子どもたちの手の動作を注視しています。そうすると、中には、他人から物の受け渡しや握手を求められたとき、相手が右手を出しているのに、左手を出す子がいるのです。それから、園から帰るとき、数人だけ、バイバイするときの手の向きが違う。手のひらではなく、手の甲を相手に向けて、バイバイをしている子がいます。

　こういう子は、視覚認知上の発達の課題を抱えています。自分が見たまま、そのままの状態で手を振ってしまうので、相手に見せようという感覚が失われているのです。それぞれの園にも、そうした発達の課題に関するさまざまなチェックリストがありますので、先生方にとっても、そうした子どもへの配慮、研さんが必要です。

　子どもたちが学齢期に入ると、学校や社会での適応に関する困難が浮き彫りになることがあります。学業面や社交性の発達において遅れがある子どもたちは、クラスメイトや教師とのコミュニケーションに苦労し、自信を失うことがあります。これが将来の職場環境においても続くと、仕事の遂行や同僚との関

係性に悪影響を及ぼす可能性があります。

　また、学齢期における発達上の遅れや学習困難が、将来の職業選択にも大きな制約を与えることがあります。適切な学習支援やキャリア教育が行われないまま高校を卒業すると、就職先の選択肢が限られ、自己実現や経済的な自立につながる可能性が減少します。このような問題を解決するためには、小さい時から適切な支援を受けることが重要です。

　小さい時からのつまずきを本人が気づけず、周りもそれに気づかず、適切な対応、スキルトレーニングができないままでいると、何らかの二次障害、三次障害にかかり、最終的には、社会参加、社会的自立でつまずきやすくなるのです。

　学童期には、対人スキルの引き出しの少なさ、集団生活においてトラブルが生じやすく、孤立しがちだったり、逆に他人への介入の度合い・間合いが適切でないために起こるトラブルも生じやすくなります。学習面の遅滞も起きてきます。

　コミュニケーションの困難さや社交不安などは、職場での円滑な人間関係の構築に影響を及ぼす可能性があります。また、学業や学習における困難が続くと、将来の職業で必要なスキルや知識の習得が困難になるかもしれません。

　そのため、子どもたちが小さい時から適切な支援を受け、問題を解決する能力や適応力を身につけることが重要です。例えば、学習困難を抱える子どもには、個別の学習支援や特別な教育プログラムが必要です。また、コミュニケーションの困難を抱える子どもには、ソーシャルスキルのトレーニングやコミュニケーション支援が効果的です。

　さらに、小さい時から自己肯定感や自己効力感を育むことも重要です。障害のある子どもたちは、他の子どもたちと比べて困難な状況に直面することが多くあります。しかし、彼らが自分の能力や強みに気づき、自信をもつことは将来の就労においても大きな支えとなります。保護者や教員は、子どもたちの成功体験を促し、ポジティブなフィードバックや応援を提供することで、彼らの自己評価を高めることができます。

2 高校時代が、社会参加、就労に向けての ラストワンチャンスの意識で

　私たち、明蓬館高等学校、アットマーク国際高等学校でもずっと以前には卒業後、大学を経て就職をした後にひきこもってしまうケースがありました。

　中学時代の不登校を経た後、当校では持ち前の就学スキルを身につけ、目指す大学の電子工学科に入学し、大学院まで卒業した人が、ある有名な百貨店のシステム課に配属されました。しかし、上司の言葉にいちいち逆らうような言動を繰り返したため、疎んじられて、職場でも居場所がなくなってしまいました。

　本人としては、提案、提言のつもりだったのですが、問題点ばかり指摘し、自らが改善しようとする意思がうかがえないのです。だからといって職場が嫌いなわけでも職場の仲間が嫌いなわけではないのですが、ついつい言動が刺々しく映ってしまいがちです。

　「ここに資料があるので、時間があるときに見ておいて」と上司が指示をすると、時間のあるなしの判断ができなかったため「時間がなかったので見ていません」と言って、文字通り、上司のご機嫌を損ねてしまう。

　「この間頼んだ例の件はどうなった？」と聞かれて、「頼むとはっきり言われなかったので、何もやっていません」と答えるのです。そうなると、職場での評価は下がってしまいます。

　高校生活は、将来の社会生活における準備期間として位置づけられます。学校内での学びや社交活動を通じて、自己理解や自己肯定感を高め、自己実現の道を模索することが重要です。障害のある子どもたちにとっても、高校時代は自立への一歩を踏み出すための貴重な機会です。

　上記の卒業生は、就職につまずき、当校に報告と相談に来校した時、こう言いました。「高校時代に、雑談の仕方を教わりたかった」と。高校時代は、学業だけでなく、ソーシャルスキルや自己管理能力の向上も重要です。障害のある子どもたちは、就労時にも同僚とのコミュニケーションや時間管理などのス

キルを求められます。高校時代にこれらのスキルを養うことで、社会参加や就労においてよりよい結果を得ることができます。

　言うまでもなく、高校卒業後の進路選択は重要な岐路となります。進学や就労などの選択をする際には、子どもたち自身の意思や能力、興味・関心を尊重しながら、適切なサポートを提供する必要があります。また、高校時代には就労体験の機会を提供することも重要です。アルバイトやインターンシップを通じて職場の雰囲気や業務内容を体験することで、将来の就労に向けた意識や適性を確かめることができます。

　また、高校時代にはキャリア教育の重要性も強調されます。子どもたちが自分自身の能力や興味を理解し、将来の職業や進路について考える機会を提供しましょう。キャリアカウンセリングや職業体験プログラムを通じて、子どもたちが自己の適性や目標に基づいた進路選択を行えるように支援と伴走が必要です。

③ 設計図、羅針盤としての 個別教育支援計画の運用が求められる

　高校生活は、近い将来の社会参加や就労に向けた準備期間として位置づけられます。学校内での学びや社交活動を通じて、自己理解や自己肯定感を高め、自己実現の道を模索することが重要です。障害のある子どもたちにとっても、高校時代は自立への一歩を踏み出すための貴重な機会です。

　特に、高校卒業後の進路選択は重要な岐路となります。進学や就労などの選択をする際には、子どもたち自身の意思や能力、興味・関心を尊重しながら、適切なサポートを提供する必要があります。

　高校段階の特別支援教育にも、小中学段階と同じように、「スペシャルニーズ・エデュケーション」の原則に立って、本人の特性、ニーズの正しき理解と、検査をはじめとするアセスメントの知見に基づいた、個別教育支援計画（IEP）の運用が欠かせません。

　発達障害のある方の得意・不得意の凸凹を「特性」「障害特性」と呼ぶこと

がありますが、「特性」に合った「環境」の中で生活をしている発達障害のある生徒たちはその能力を十分に発揮し、多くのアセット（強み）をもつようになります。

　芸能人やITなどの業界で著名になっている方の中には時に発達障害をカミングアウトされる方もいますが、そのほとんどの方が過去の苦しい体験を語る一方で、アセットをもつきっかけとなった人を含む、さまざまな環境との出会いについて語られています。

　しかしながら、現行の教育現場の中ではどうでしょうか。多くの発達障害のある生徒たちは「特性」と「環境」とのミスマッチから学校生活等の中で「伝わらない」「できない」「怒られる」などのネガティブな経験を長期間し続ける場合もあります。このような様子は「特性」についての理解のない周囲から「わがまま」「自分勝手な」などの言葉で誤解して捉えられてしまいがちです。そして、発達障害のある生徒たちの多くは、その経験をさらに責められ、諭されることが多く、そのネガティブな経験から抜け出せずに二次症状、時には合併障害を抱えることも少なくありません。

　個別教育支援計画では、保護者はリクエストを出す人（リクエスター）とし、生徒はニーズを提供するニーザーとして位置づけます。障害特性のある人はスペシャルニーズをもつ人です。建築物で言えば、その人仕様の「設計図」があって当然です。航海で言えば、羅針盤になります。そこには進行表と進行台本、役割分担表が書かれるものです。逆にいうと、設計図なしで建築に取りかかるとすれば工程や関わる人や材料、そもそも建物の心臓部、機能、それを実現するための方法、手段などが明確になっておらず、関わる人も役割分担もはっきりしないまま、思惑違いが次々に露見してくるのが必然です。

　欧米では、障害のある児童生徒には個別教育支援計画が立てられ、関係各位で合意を取り結ぶことが法制化されている経緯と、その必然性にこうべを垂れなければなりません。意味、意義があるからです。入学前から、生徒本人、保護者からの聴取、これまで教育、療育、医療などに関わってきた方々からの聴取も行います。アセスメントも計画化し、実施をしていきます。

また、手帳の取得も含めた、行政からの相談支援、計画相談から始まる支援を頼むための手立ても計画化し、進めていきます。

4 「今ないものを共につくる」

就労支援は単独ではなく、地域社会全体の協力が必要です。地域の企業や団体と連携し、障害のある人たちが就労するための機会を増やす取り組みを進めることも重要です。

障害のある人たちを採用する企業には、バリアフリーな職場環境や適切な支援体制を整備することが求められます。また、地域社会においては、就労支援の情報を提供するためのポータルサイトやイベントの開催など、障害のある人たちが求職活動やキャリア形成を行いやすい環境を整えることが重要です。

「今あるものから選ぶ」ことだけでなく、「今ないものを共につくる」。

障害者は、People with special needsと呼ばれます。スペシャルニーズをもつ子どもたちの未来には、これまでになかったものも含めた選択肢が広がっていくべきだと私は考えています。過去、前例、着実思考だと先細りになります。

支援の向こうに、「選択肢の多様化」があります。AIがもつ能力が人間のそれを越える、シンギュラリティは従来、2035年と言われていましたが、世界中の頭脳がAI分野に集まり、莫大な資金が投じられる今、その時期は確実に早まっています。定型的な知識や職務は、AIのもっとも得意とするところです。職業が次々になくなる時代になり、職業、職域、新しいスキルを創造することがますます重要です。

5 アセスメントから遠ざかる子どもたちをどう導くか

① アセスメントは子どもたちのためにある

心理検査、発達検査、知能検査などのアセスメントが、発達の課題のある子

どもたちとその保護者にとって、決して身近ではない現状があります。アセスメントが気軽に受けられる環境の不足が問題の一因です。アセスメントを受けられる場所や専門家の数が限られているため、アクセスが制限されています。

　アセスメントが当事者のためにあるものであることを広く認識してもらう必要があります。アセスメントが自己理解やサポートの手段として活用されるようにするためには、保護者教育や教育プログラムの一環としてアセスメントについての情報を提供することが重要です。また、アセスメント結果をわかりやすく伝える方法や、結果を具体的なアクションにつなげる支援も必要です。

　そもそも、アセスメントの利用は、当事者である子どもたち自身が自分自身をよりよく知るためにも、保護者が子どもの特性をより深く知るためにも重要です。しかし、現状ではこのような利点があまり認識されていないことも問題です。

　就学の際に普通（通常）級か特別支援（個別）級かの選択の際の手段として、福祉サービスの利用のための受給者証発行のための手段として、子どもたちのニーズはそっちのけで実施されていることが多い背景があります。評価やランクづけの観点でアセスメントが行われる場合、子どもたちは自分自身を比較される対象として捉え、プレッシャーや不安を感じることがあります。このような状況下では、アセスメントを避けたり嫌がったりする傾向が生じます。

② 子どもたちを主語にして最善のアセスメントを行うために

　子どもたち自らが望んでアセスメントを受けたいと思うためには、アセスメントの本来の目的は、子どもたちが自分らしく生活できるようになるための支援であることを訴求し、査定や評価のみが目的とされることを否定することが重要です。

　しかし、アセスメントの過程や方法が子どもたちにとって負担となる場合もあります。アセスメントを受ける事前の段階において、心理的圧迫を受けたり、ネガティブなフィードバックを受けるなど、防衛的な姿勢で当日を迎えることが多く、よりによって、心身のコンディションの悪い時にアセスメントを受け

ていることが多くみられます。

　特に、長時間のテストや一方向からの質問によるアセスメントでは、子ども
たちの興味や関心を引き出しづらく、退屈やストレスを感じることがありま
す。子どもたちは自由な表現や自己主体性を大切にする環境でアセスメントが
行われることで、より積極的に参加しやすくなるでしょう。

　子どもたちがアセスメントを嫌う理由を解消するためには、以下のようなア
プローチが考えられます。まず、アセスメントの目的や意義を子どもたちに明
確に伝えることが重要です。アセスメントは成長やサポートのために行われる
ものであり、彼ら自身のためにあることを理解させることが必要です。

　また、アセスメントの過程や方法を子どもたちに合わせて柔軟に行うこと
で、彼らの関心や興味を引き出し、積極的な参加を促すことができます。さら
に、アセスメントを受ける前に子どもたちと十分なコミュニケーションを図
り、過去のトラウマや苦しい経験に配慮しながら進めることも重要です。

（明蓬館高等学校理事長兼校長、アットマーク国際高等学校理事長、
NPO法人日本ホームスクール支援協会理事長）

子どもたちの生きていく未来を知ろう
時代の流れと必要な支援とは

真鍋陽子

「求人募集」。

喫茶店や商店で張り紙を見るたび、少子高齢化による深刻な人手不足を実感しています。黒字なのに後継者がいないため廃業する企業やお店が増えている一方で、飲食店ではロボットが注文の品を運び、空港ではロボットが状況案内を行い、ホテルではロボットがチェックイン、チェックアウトやクローク作業に従事しているなど、ロボットが肉体労働、事務労働を担っている場面を目にする機会も増えてきました。

2023年4月には改正道路交通法が施行され、公道におけるロボット走行が解禁、ロボット宅配が可能になるなど、ロボットが身近に働くための法整備は進み、ロボットと共に生きる社会が急速に形成されようとしています。

米国企業が開発した人工知能（AI）を使ったチャットサービス、チャットGPT。法整備や使い方などまだまだ多くの課題は残りますが、さまざまな質問に対して一見的確に答えてくるこのサービスは、社会に大きなインパクトを与えています。肉体労働や事務労働だけではなく、知的労働すらロボットやAIが担う社会が構築されつつある今、未来に生きる子どもたちにとって本当に必要な教育とは何か、義務教育に求められる役割とは何なのか、考えなおさなければならない時期が来ています。

日々、議員として、保護者仲間として、発達に困難さが伴う子どもたちの育ちや不登校、学校教育についての相談を受けています。

子どもには「識字障害」と診断が出ているにもかかわらず、合理的配慮が受けられないまま授業を受け続けたことで自己肯定感が下がり、学校に行けなくなってしまった。子どもが担任の先生から差別的な発言を受け、学校が嫌いになってしまった。先生がどうしてもと言うから支援クラスに入れたが適切な支援を受けることができず、わが子が隔離されているだけのように感じているなど、保護者からの相談は尽きません。

小学校、中学校段階からの自己理解が必要。本来なら義務教育段階でできていなければならないことができていない子が多い。行き場のない発達障がいのある子たちに、セーフティネットが必要など、福祉事業所を経営されている方々から話を聞くことも多々あります。

今の学校の大変さは重々理解しています。が、どう考えても学校のほうがおか

しいと思わざるをえないケースもたくさん聞いている状況の中で、何とかしたいという思いは募ります。

日本では少子高齢化が加速度を増しているにもかかわらず、社会生活から離脱する子どもたちの数は年々増加しています。

令和4年に生まれた子どもの数は77万747人[1]と、初の80万人割れをしました。一方で、内閣府による調査[2]では、ひきこもり状態にある方（15歳〜64歳）の数は146万人と推計されています。令和3年度、不登校の小中学生は24万4,940人で過去最多[3]。令和4年の小中高生の自殺者数は514人[4]で、これもまた過去最多です。

「ひきこもり推計146万人（15歳〜64歳）」という数は、京都市の人口[5]より多い数です。

「不登校の小中学生」24万4,940人という数は、神奈川県茅ケ崎市の人口[6]に相当する数です。

2022年度の笠岡市の出生数は、177人[7]。その約3倍近い数の子どもたちが自ら死を選んでいるのです。

小学生から高校生の生徒たちが毎日ほとんどの時間を過ごす学校。

学校がもつ役割やシステムを、根本的なところから、早急に変えなくてはならない時期に来ています。

（笠岡市議会議員）

1 厚生労働省（2022）「人口動態統計月報年計（概数）の概況」、https://www.mhlw.go.jp/toukei/saikin/hw/jinkou/geppo/nengai22/index.html、2023年8月2日

2 内閣府（2022）「こども・若者の意識と生活に関する調査 令和4年度」、https://www8.cao.go.jp/youth/kenkyu/ishiki/r04/pdf-index.html、2023年8月2日

3 文部科学省（2022）「令和3年度児童生徒の問題行動・不登校等生徒指導上の諸課題に関する調査結果の概要」、https://www.mext.go.jp/content/20221021-mxt_jidou02-100002753_2.pdf、2023年8月2日

4 厚生労働省自殺対策推進室　警察庁生活安全局生活安全企画課（2023）「令和4年中における自殺の状況」、https://www.mhlw.go.jp/content/R4kakutei01.pdf、2023年8月2日

5 京都市（2023）「京都市統計ポータル　推計人口　例月データ」、https://www2.city.kyoto.lg.jp/sogo/toukei/Population/Suikei/#t2、2023年7月1日：144万4,645人

6 茅ヶ崎市（2023）「最新月の人口と世帯（令和2年国勢調査（確定値）をもとに推計）」、https://www.city.chigasaki.kanagawa.jp/profile/tokei/1017088/1016883/1016901.html、2023年7月1日：24万5,243人

7 笠岡市（2023）「笠岡市の人口・世帯数　令和4年度異動状況（出生死亡）」、https://www.city.kasaoka.okayama.jp/uploaded/attachment/42544.pdf、2023年8月2日

Part 4

支援をする人へ
就労アセスメントについて

1 今、なぜアセスメントなのか

前原和明

① 移行期支援

　2022年12月に、新たな障害福祉サービス「就労選択支援」の創設が決定しました。この就労選択支援は、障害のある方が障害福祉サービスを利用する前に利用するサービスで、自分自身の就労先や働き方を適切に検討・選択するための支援を提供します。新たなサービスの詳細は、今後の議論の中で決まっていくことになっています。この法案では、就労選択支援の要点として、①本人のニーズと選択に基づいて支援が提供されること、②障害のある本人と支援者が協同すること、③就労アセスメントの手法を活用することの三つが挙げられています。

　「①本人のニーズと選択に基づいて支援が提供されること」と「②障害のある本人と支援者が協同すること」から確認していきましょう。もしかしたら、このような当たり前のことを「いまさら、なぜ？」と思われる方もいらっしゃるかもしれません。ここでぜひ一度立ち止まって、「ニーズに気づくこと、ニーズを引き出すことはできていただろうか？」「支援者として一方的な誘導になっていなかっただろうか？」と自らの実践を振り返ってみてください。「本人の気持ちを十分に聞いていなかった」「はたして本人にとって適切な目標だったのだろうか？」など思い至ることがあるかもしれません。この就労選択支援で求められている①と②の要点の実現は、思いのほか難しいことだったりします。そのため、この就労選択支援の開始に向けて、支援者は、今一度、自らの支援に対する認識や取り組みを振り返り、適切に実行するための視点の転換が必要です。

　次に、「③就労アセスメントの手法を活用すること」について確認しましょう。

そもそも、既存の就労アセスメントは、障害のある方のニーズに基づいて、長所の把握や課題の改善、就労支援の見立て、訓練の手段検討などの専門的な就労支援を実施するための手段として実施されることを目指してつくられていました。就労選択支援では、この目的が達成されることが目指されています。アセスメントを活用することで、例えば、「障害のある方にとって必要な手立ては何か？」「一度にすべてをできるようになるのではなく、どのようなステップで行うのが重要か？」といった方策などを考えることにつながります。この就労アセスメントの手法は、個々人にとって必要な支援の手立てや方策を考えるために用いることができると言えます。

　今後は、この就労選択支援サービスはもとより、障害のある方の支援に向けては、当事者の主体性や自己決定を支えることがますます必要となっていくでしょう。「アセスメント」は、このための重要な支援技法になるはずです。

② アセスメントとは？

　アセスメントは、「査定」、「評価」と訳される専門用語です。多くの方が、支援をする中で、このアセスメントという言葉を見聞きしたことがあると思います。また、普段から使っているという方も少なくないと思います。このようにアセスメントは、対人支援を行う上で、重要な支援行為の一つとなってきています。

　その一方で、人によっては、アセスメントと聞くと、「難しいこと」、「専門的な支援であり、日々の実践とは異なるもの」などのイメージをもっている方も多いようで、「日々の実践でどのようにアセスメントを実施すればよいのか、正直に言うとわからない」などの悩みをもつ方もいらっしゃるようです。また、移行期支援の場面では、アセスメントは、「できる、できないという判断を行うものである」といったような「判定」をするためのものというような理解をされている方も少なくありません。

　これらのイメージや理解は、あくまでも誤解にすぎません。アセスメントは、

個々の利用者の支援計画の策定、支援や訓練の見立てをするための情報収集をする支援行為です。ここからは、このような誤解が少しでも解消され、実践、特に移行期支援の中で的確に実行するための視点をお伝えしていきます。

❸ 「アセスメントは難しい、専門的なもの？」

　まず、ここでは、移行期支援において、最も活用されることが想定される就労アセスメントを中心に紹介します。就労アセスメントは、移行期支援においてメインテーマとなる就労、就業、社会参加などの職業的側面に焦点を当てるアセスメントのことです。

　この就労アセスメントには、例えば、図1のような、①面談：相談室での面接時の聞き取り、②標準化検査：知能検査など標準化検査を用いた検査実施、③職務分析：企業の作業環境や職務内容の整理・分析、④ワークサンプル：仕事の一部をサンプルとして取り出してつくられた作業課題の遂行状況の把握、⑤模擬的就労：模擬的な就労場面での行動観察、⑥現場実習：実際の職場での職務適応の評価の6つの内容が含まれます（前原，2021a・2021b）。

　これらの用語だけを見ると少し難しさを感じられるかもしれませんが、いずれの内容も、普段の実践の中で自然と行われている内容であるということを確

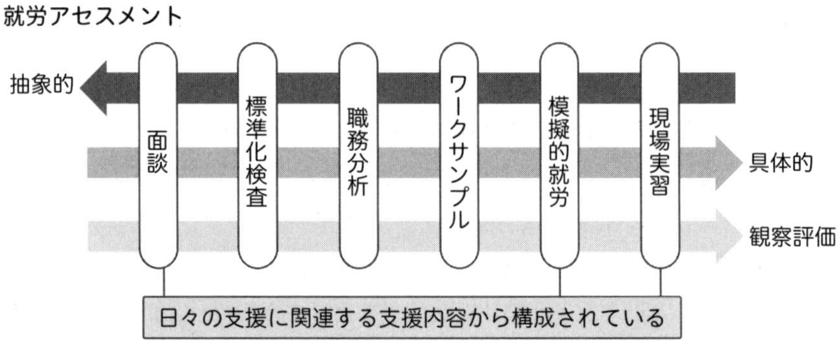

就労アセスメント

抽象的　←　面談　標準化検査　職務分析　ワークサンプル　模擬的就労　現場実習　→　具体的
　　　　　　　　　　　　　　　　　　　　　　　　　　　　　　　　　　　　　　→　観察評価

日々の支援に関連する支援内容から構成されている

図1 ●就労アセスメントの内容と特徴

出典：筆者論文「職業的アセスメントハンドブック」掲載図を本書執筆にあたって加筆

認してください。つまり、支援の中で、普通として行われている行為の多くには、アセスメントの要素がちりばめられています。

　この普段の支援行為を、アセスメントとして使っていく上で大切になるのが、観察評価です。この観察評価は、前記の6つのアセスメントの内容を実施する際に、見聞きし、関わることを通じて能動的に情報を収集することで成立します。もちろん、この能動的な情報収集は、支援者が実践を通じて身につける実践知の影響を大きく受けると考えられますので、少し難しいのは言うまでもありません。そのため、円滑な実施に向けては、次のようなアセスメント場面の思考プロセスをイメージしてもらうとよいと考えています。

　まず支援者は、例えば、実践場面で、清掃作業の中でも、ホウキを用いて廊下を掃いていくというような大きな動作は円滑にできるが、雑巾で机の上を拭くといった空間を意識した動作ができないというような対象者の実態に関する仮説を生成することができます（仮説生成）。そして、次に、その生成された仮説の正しさを検証するために、備品が配置された部屋の隅の清掃をした際の実施状況の確認やその段取りの遂行状況の確認などを行います。このような確認をすることで、支援者が頭に描いた対象者像の修正を図っていきます（仮説検証）。アセスメントは、この仮説生成と仮説検証の二つの思考プロセスを繰り返しながら進みます（図2）。

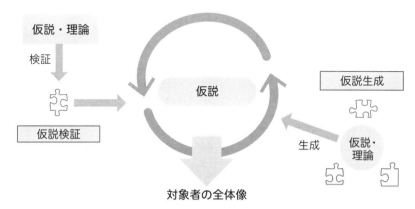

図2 ●アセスメントにおける思考プロセス

このような思考プロセスを前提として、アセスメントを円滑に行うために
は、この仮説を一からつくるのではなく、既存の理論やアセスメント内容・ツー
ルを用いることが有用です。例えば、「職業準備性」（松為，2006・2020）の
枠組みで行動を確認する、アセスメントシートを活用して評価チェックをして
いくといったものを使うことで、仮説が立てやすくなり、アセスメントがしや
すくなると考えています。特に、就労アセスメントをする場合において、持っ
ておいていただきたい視点として、「一般の企業だったらどうか？」「職場の健
常者の同僚にどんな指導協力をおねがいしないといけないか？」といった観点
もあります。

　このように、アセスメントは専門的なことではなく、普段の支援実践をブ
ラッシュアップするための有用な方法になります。

④ 「アセスメントは判断をするもの？」

　次に、アセスメントは、「できない」という判断をするために実施されるの
ではなく、「できるための支援」を検討するために実施するということを確認
していきましょう。

　例えば、清掃作業ができないという場合を考えてみてください。特に、移行期
支援において、単に「できない」と適性のない職務として判断することはアセス
メントとは言えません。この「できない」の意味を探り、支援や訓練につなげて
いくことが重要です。この清掃作業ができないということは、①作業指示が理解
できておらずできない、②清掃の方法や道具の使い方がわからないからできない、
③作業意欲をもって取り組めずできない等の側面から「できない」の意味を理解
することができます。そして、それぞれの「できない」に応じた、①指示理解が
できるための手順書の必要性、②清掃スキル、③作業意欲を維持するための手段
検討といった支援や訓練につなげていくことになります（図3）。

　このように、アセスメントは、「できない」を判断するために実施するので
はなく、支援の見立てや方針、そして、対象者の長所を伸ばすための支援に役

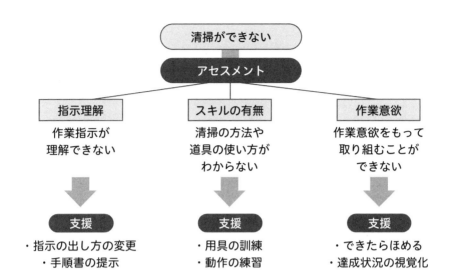

図3 ●実践上の意味の検討

立てるために実施することが必要になります。

アセスメントはどのように役に立つのか

　ここまでで説明してきたようにアセスメントを捉えていただけると、アセスメントが身近で、日常的な実践に役立つものであるという感じをもっていただけるのではないかと期待しています。これに加えて、アセスメントを実行することで、結果的に以下のようなメリットも得ることができます。

① 対象者の自己理解の促進

　移行期支援においては、自己理解の促進が大変大切です。例えば、企業に就職する際に必要となる合理的配慮を得るといったように、社会（環境）に働きかける上で自分自身を理解できていることは有効です。それだけでなく、安心して生活をしていく上でも、自分の考え方の癖やどんな助けがあったらよいのか、

それを他者に伝えていくことができることは大きな助けになると言えます。

　アセスメントは、この自己理解のきっかけを提供してくれます。ただし、単に一方的に結果を伝えるだけでは、きっかけにはなりません。対象者と結果を共有したり、一緒に変化を確認したり、相談の中で具体的に結果について振り返ったりすることで達成することができます。従来から、自己理解は難しいと言われてきましたが、そこには、当事者参加や相談の観点が不足していたと考えることができます。アセスメントは、この自己理解促進のための第一歩として活用していくことができます。

② 関係機関の連携促進

　マンパワー不足や作業課題・ツールが限られるなどの現実的な課題から、一つの支援機関のみで完全なアセスメントを実施することは難しいと言えます。また、別の支援機関、タイミングなどの環境状況が変化するからこそ、有用な情報が違いとして見えてくる場合もあります。その意味で、アセスメントは、他の機関と連携しながら実施してくことが有効です。この連携のメリットは表1のとおりです。

　もちろん、すべてのケースについて、十分アセスメントをして、連携までしていくとなると、業務負担が多くなりすぎると思われるかもしれません。そのため、アセスメントは、対象者のニーズに合わせて三つの層に分けて実施

表1 ● 連携のメリット

メリット
● 自機関でできないアセスメントを他の機関が担うことで利用者の全体像を把握できる
● 利用者をさまざまな文脈（家庭、生活面、就業面など）から多面的に理解できる
● 次の支援ステップへスムーズな移行を支援できる
● 地域における顔の見える支援体制の構築ができる
● アセスメントの結果を具体的な実践の文脈で理解できる
● アセスメントのスキルに関する助言や指導を得られる

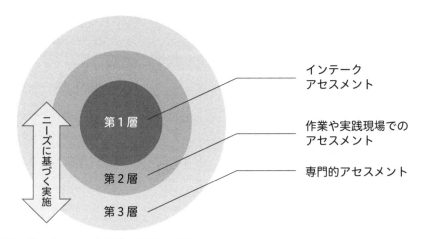

図4 ●アセスメント実施の三層モデル

し、これを、連携を通じて補っていくといいと考えています（鈴木・前原, 2021；前原ら，2022）。

　この三つの層は、①インテークアセスメント（面談等を中心に、今後の方向性を検討するための状況把握など）、②作業や実践現場でのアセスメント（職業準備性や能力などを評価し、必要となる訓練や支援の検討など）、③専門的アセスメント（職業リハビリテーションの制度活用などを見据えて専門機関で職業評価を実施など）から構成されます（図4）。

　ニーズに基づいてアセスメントを三つの層に分けて提供することで、個々人のニーズに応じて濃さの違うアセスメントを提供することができます。そして、ニーズに応じて連携のあり方も変化します。これらは、希望する誰もがアセスメントを受けることができること、移行期支援として、次の専門機関への登録やつながりを構築することができることにつながっていきます。

③ **支援者の人材育成**

　最後に、アセスメントは、支援者の人材育成に寄与すると考えています。すでに述べましたが、アセスメントの実行における思考プロセスは、支援をする

際に実践者がとる支援プロセスと似たプロセスから構成されます。現状から支援をつくりあげ、支援を実行した後に、経過から計画を修正して、新たな支援介入を行っていくという循環型の支援プロセスに共通しています。その意味で、アセスメントをすることで身につく思考は、支援者の力量アップに寄与します。

　また、施設の中で、他機関の役割理解、公的な場での立ち居振る舞いの学習、支援者としての見立て力の獲得などを、指導することが難しい場合もあると思います。アセスメントを介した連携場面で、アセスメントをきっかけにした学び合いができると考えます。現状、多くの地域では、このための仕組みができ上がっていません。しかし、今後に向けては、地域の中で支援者が学び合っていくことができるような仕組みまで構築することができればよいと考えています。

⑥　アセスメントの本質を理解し、移行期支援の充実を

　移行期支援においても、対象となる方を中心とした支援の必要性が高まっています。今後ますます、自己決定や自己選択、対象者主体の観点が重要になってくることが予想されます。アセスメントは、このために不可欠な支援行為です。就労選択支援サービスというアセスメントを中核においた新たなサービスの充実に向けて、今が、まさに、アセスメントが適切に活用されていくための重要な準備の時期であると言えます。

　ここで述べたアセスメントの本質を理解していただき、移行期支援の充実に向けた取り組みがよりよいものとして準備されていくことを願っております。

（秋田大学教育文化学部　教授）

［引用・参考文献］
1　前原和明（2021a）「就労系障害福祉サービスにおける職業的アセスメントハンドブック」令和2年度厚生労働科学研究費補助金（20GC1009）研究成果物、https://www.mhlw.

go.jp/content/12200000/000822240.pdf

2 前原和明（2021b）「改訂版・就労移行支援事業所による就労アセスメント実施マニュアル」令和2年度厚生労働科学研究費補助金（20GC1009）研究成果物、https://www.mhlw.go.jp/content/12200000/000822241.pdf

3 前原和明・今井彩・秋田市障がい者総合支援協議会就労部会（2022）「職業的アセスメントから進める就労支援」令和3年度厚生労働科学研究費補助金（21GC1009）研究成果物、https://doi.org/10.20569/00005866

4 松為信雄（2006）「キャリア教育の課題」松為信雄・菊池恵美子編集『「職業リハビリテーション学　改訂第2版』協同医書出版社、pp.40-43

5 松為信雄（2020）「職業準備性（職業レディネス）」日本職業リハビリテーション学会監修・職リハ用語集編集委員会編集『障害者雇用・就労支援のキーワード　職業リハビリテーション用語集』やどかり出版、pp.18-19

6 鈴木大樹・前原和明（2021）「障害者の社会参加に向けた移行支援の取組みの現状と課題：江戸川区立障害者就労支援センターの取組みから」『秋田大学教育文化学部教育実践研究紀要』43、89-95　http://doi.org/10.20569/00005672

2 就労支援
行動観察からのアセスメント

苅山和生

　本章では、障害のある人の働くことを支援してきた私の経験と現在の実践を整理し、就労支援に必要な行動観察とアセスメントについてまとめます。

1　就労継続支援の位置づけ

　障害者総合支援法に基づく自立支援給付（図1）の一つである障害福祉サービスには、①日常生活での介護の支援を受ける介護給付と、②社会の一員として生活できるように訓練の支援を受ける訓練等給付があり、就労支援は②の訓練等給付に含まれるサービスです。

　その中で、障害のある人が支援を受けながら働く訓練を受けられるサービスには、就労移行支援と就労継続支援Ａ型とＢ型の事業があります（表1）。私が勤めるＢ型事業所は、就労移行支援を利用しての就職や就労継続支援Ａ型事業所での勤務が、どちらも現状では困難な人が利用します。「働きたい」という意思がある人が、少しでも働く機会を得て、就労に必要な能力を維持向上しようとする場です。また、利用期限がないためＢ型が人生で最後の就労場所に

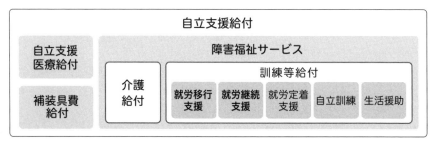

図1 ●就労支援と他の障害福祉サービス

表1 ●就労支援の種類と概要

	内容 （利用期限／年齢制限）	全国の施設数 （利用者数）
就労移行支援 事業	一般就労に向けて具体的な就労準備と支援をする （原則2年最長3年／65歳まで）	3,399事業所 40,062人※1
就労継続支援 A型事業	雇用契約を結び最低賃金（時給）以上が保証される（その事業所による／65歳まで）	3,818事業所 72,187人※2
就労継続支援 B型事業	雇用契約はなく利用契約に基づき賃金は事業所により異なる（利用期限なし／年齢制限なし）	13,212事業所 271,777人※2

※1：厚生労働省（2020）「2019年社会福祉施設等調査・結果の概要」、https://www.mhlw.go.jp/toukei/saikin/hw/fukushi/19/dl/kekka-kihonhyou02.pdf、2020年3月

※2：厚生労働省（2020）「障害福祉サービス等報酬改定検討チーム資料2」、https://www.mhlw.go.jp/content/12401000/000674639.pdf、2020年9月

なる方もいらっしゃいます。

2 当事業所の紹介

　現在、私が勤める就労継続支援B型事業所は、定員20名、登録者19名、2023年3月現在は1日平均12名が利用しています。平均年齢は約46歳。主な診断名では、統合失調症または気分感情障害のある人が全体の7割を占め、次いで発達障害のある人が約2割弱です。開所から3年ですが、徐々に発達障害のある人からの見学や問い合わせが増えているところです。

職　　員：常勤2名（作業療法士1名、介護福祉士1名）、非常勤3名

建　　物：3階建て、作業場が1〜2階、休憩場所が3階（短期入所施設の一部）

作業時間：午前午後合計5時間、休憩は午前午後にそれぞれ15分ずつ、昼休みが1時間。

事業所で必要とされる活動能力：基本的な挨拶、ミーティングでの掃除当番決め、休憩時間や昼食時に他者と交流し穏やかに過ごせること

この他、作業の種類に応じて必要とされる活動能力として、例えば屋内での衣料の下請け作業では、細かな糸を見つけて切るため、視力に加え、切るべき長さか、切るべき場所かの判別能力が必要です。さらに、それを適切な長さで切り取る技能、不注意な持ち方をして布をハサミで傷つけない注意力。他の品物と異なる汚れや傷、縫製ミスなどを見つけて職員に報告することなどが要求されます。

屋外作業ではさらに、1時間以上の立ち仕事に耐えうる身体能力、清掃などその施設で要求される一連の作業能力、段取りの理解と記憶、施設関係者への挨拶ができることなどが必要になります。

3　当事業所正式利用までのアセスメントと流れ

当事業所には、直接本人や家族からの問い合わせもありますが、多くは相談支援事業所からの紹介です。まずは、市区町村の障害者福祉の相談窓口で、「働

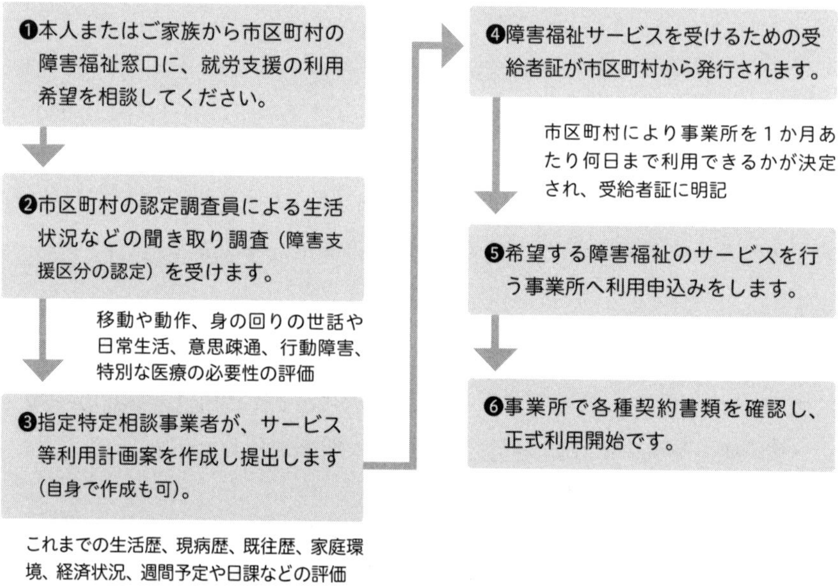

❶本人またはご家族から市区町村の障害福祉窓口に、就労支援の利用希望を相談してください。

❷市区町村の認定調査員による生活状況などの聞き取り調査（障害支援区分の認定）を受けます。

移動や動作、身の回りの世話や日常生活、意思疎通、行動障害、特別な医療の必要性の評価

❸指定特定相談事業者が、サービス等利用計画案を作成し提出します（自身で作成も可）。

これまでの生活歴、現病歴、既往歴、家庭環境、経済状況、週間予定や日課などの評価

❹障害福祉サービスを受けるための受給者証が市区町村から発行されます。

市区町村により事業所を1か月あたり何日まで利用できるかが決定され、受給者証に明記

❺希望する障害福祉のサービスを行う事業所へ利用申込みをします。

❻事業所で各種契約書類を確認し、正式利用開始です。

図2 ●就労継続支援事業所利用までの流れとアセスメント

きたいのでどこか支援施設を紹介してほしい」と相談してください。そこから
正式利用までの流れを簡単に図2に示します。図2にあるとおり、②認定調査
員による評価と③指定特定相談事業者による評価の段階で、利用者の生活全般
に関する項目や、病気・障害に関する項目がアセスメントされます。

4 利用者個々の目標と成果

　正式利用を開始してから間もなく、事前に相談支援事業者から提供された基
礎情報と総合的な支援方針に沿って長期目標、短期目標、事業所内での当面の
目標を利用者と確認しながら決定します。一部として事業所開設以来3年間で

表2 ●当事業所利用者のさまざまな世代と目標

仮名 年齢層	主たる 診断名	伴う症状・障害	本人と同意を得た目標
エイさん 20代	広汎性 発達障害	そばに他者が座ることを拒否する 一部の簡単な作業しかできない	他者のいる場で作業ができるようになる 簡単な工程は一人で行えるようになる
ナミさん 30代	強迫 神経症	些細なことが気になりすぎる 同じところで繰り返し時間を使う	全体の仕事の流れに応じて行動できるようになる 気になるところは職員に相談できるようになる
ケイさん 40代	統合 失調症	時折被害的になり他者を遠ざける 細部へのこだわりが強い	不安が強くなる前に職員に相談できるようになる 仕事へのこだわりでの疲れを残さないようにする
セツさん 50代	躁うつ病	気分の浮き沈みが激しい 体調により連続して休む	気分の変化に気づいて相談できる 早めに休み、エネルギーを保てるようになる
タケさん 60代	統合 失調症	精神症状はほぼなくなっている 身体的な疲労や認識違いが多い	疲労に早めに気づき体調を維持できるようになる 間違いがないかを適時確認できるようになる

成果のあった5名について、利用開始時の課題と目標を示します（表2）。ここからは個人情報保護のため、特徴のみをまとめ、紹介をさせていただきます。年齢層は参考までとしていただきたく、実際には、実年齢よりも精神年齢や身体年齢が作業の遂行上重要になります。

　それぞれの目標には、必ず本人が事業所内または利用を継続するために努力すること、それに応じて事業所の支援者が具体的に支援することを示し、説明と相談の上で合意したものを「個別支援計画」とします。それらを数か月〜1年単位で継続することにより得られた成果（変化）も、表2の5名に対応して表3に示します。なおここでの成果もごく一部であり、一般就労された人、今

表3 ●個別支援計画と成果の一例

	本人が努力すること	本人に伝えた支援内容	成果（変化）
エイさん	・決められた曜日と時間帯に事業所にいる ・難しい作業にも取り組む	・どうしても一人がいい時に一人で作業できる作業と場を準備します ・作業のコツをわかりやすく伝えます	・複数の他者と作業ができるようになった ・得意な工程が身についた
ナミさん	・仕事の流れを見てわからないところを問う ・気になるところがあれば、早めに職員を呼ぶ	・仕事の流れをわかりやすく伝えます ・相談できる時間をつくり、その時間があることを伝えます	・仕事の流れに合わせられるようになった ・職員に早めに相談できるようになった
ケイさん	・普段から職員と日常の雑談をする ・今日の仕事で気になった点を職員に話す	・不安な点を見つけ確認して相談にのります ・気になる点が簡単にできるように支援します	・不安を早めに話せるようになった ・こだわりすぎて手が止まることが減ってきた
セツさん	・気分の波を意識して来所する ・休むことを悪いと思わずクタクタになる前に休む	・気分が変化した時に相談できる時間を準備します ・休むべきタイミングを見つけて早めに伝えます	・気分のムラに気づいて相談でき、適度に休めるようになった ・一般就労に挑戦中
タケさん	・普段から運動をして基礎体力をつける ・作業について間違いがないか職員に確認をとる	・作業内外を問わず、適度な運動を提案します ・確認が必要なところを繰り返し伝えます	・体力がつき屋外の作業ができるようになった ・思い込みで作業することが減り、確認が増えた

まさに一般就労に挑戦している方、利用を中断した人などさまざまです。

5 利用に結びついた事例

① 公立高校に進学、学業が追いつかずひきこもり

　ここでレイさん（複数の人の特徴を合わせた架空事例）に基づき、特に事業所での作業中、または作業前後の行動観察についてまとめます。

　レイさん：20代前半、小中学校時代、登校前に風邪などの軽い症状を伴う心身の不調を訴え欠席が多くなる中、成績は振るわず、一時いじめに遭い不登校となることもありました。中学校では個別支援もあり卒業し、高校は公立校普通科に進学するも学業が追いつかず単位を落として留年。そこから自宅にひきこもるようになりました。1年遅れで高校を卒業し20歳を過ぎるまでひきこもりが続いたため、両親が市の「障害のある子の家族のつどい」に参加し、私と出会い当事業所を見学されました。母親からの強い希望により、市内の指定特定相談支援事業所で、レイさんの就労支援と利用に向けての相談をされ、当事業所の利用となりました。

② 見学から正式利用までの行動観察

　厳密にいうと「個別支援計画の作成」の前後で行動観察のポイントは変わります。毎日来られる人もいれば、週1回2時間から始める人もおられ、正式利用開始日からかなり遅れて個別支援計画が作成されることもあるからです。レイさんも週2回午前のみの利用と比較的少ない利用日数から始めました。

　レイさんに限らず、最初は作業の場への馴染み方を観察することが中心になります。利用先、就労訓練先としての事業所を気に入り「また来たい」「利用したい」と思ってもらえているかを行動から確認します。あわせて次のような項目が、利用の可否を判断する材料になります。

- 通所時の安全性：道中の交通ルールや時間は守られるか、危険行為や迂闊な行動はないか

・到着時に行う出勤簿への記載、検温、昼食の伝票への記載は、説明したことを守れる

　以上、見学や体験利用の段階では社会性と環境面がアセスメントの中心になり、作業遂行面や対人面はこの時点では参考程度とし、現状評価よりも伸びしろやストレングス[1]を少しでも見つけられるように関わり、行動を観察します。（表4の左列）

③ 正式利用開始後の行動観察

　正式利用開始後（個別支援計画作成後）、事業所としての支援方針に基づく行動観察とアセスメントが繰り返されます。一般的には最初に行動観察があり、次にアセスメントを行うという順番になりそうですが、私は、同時進行かあるいは瞬時に観察とアセスメントの両方を行ったり来たりするものだと考えています。むしろ、大まかなアセスメントに基づいて行動観察がなされる方が、観察の焦点が絞られるため、利用者の心身の負担が少なくてすむこともあります。

　レイさんの場合、どのような場所に座り、どのような作業を好むかを個別支援計画の作成前に確認（アセスメント）しておき、正式利用を始めてからは、どのような作業が得意ですぐに修得され、精度が高いのか、どのような作業は繰り返し行っても学習が難しいかをチェック（行動観察）します。さらに、少しずつ場に慣れる中、作業時間に他者と穏やかに過ごせるか、作業上必要な会話などのやりとりは抵抗なく行えるか、他者や他者との会話を気にしすぎて手が止まったり、作業の精度が落ちたりしないかを確認（詳細なアセスメント）します（表4の右列）。

1　ストレングス：その人のもつ強みのこと。例えば、「細かなことに神経質」というネガティブに思える点も捉え方を変えると「細部によく気がつく」という強みと捉えることができます。

表4 ●レイさんの行動観察のポイント

	正式利用前	正式利用後
行動観察の前提の違い	・「利用したい」と思えそうか ・簡単な作業から試して、それへの取り組み方を観察します	・「継続したい」と思えそうか ・能力に応じて、少しずつ難しい作業に挑戦してもらうことを前提としています
（社会性）ルールについて	・就労、休憩の時間を守られるか ・挨拶 ・ミーティングに参加し、話を聞いてもらえるか	・服装は作業に適しているか ・掃除当番への積極性や丁寧さ ・来所から降所まで、事業所のルールを守れる
（環境面）通所について	・通所方法は何か ・その方法で安全に通所できるか ・家族は通所に前向きか ・家族に負担はかかりすぎていないか	・天候の悪い時でも安定して通所できるか ・休む理由は、家庭内での出来事か家庭外での出来事か ・家庭環境や、職場環境について希望を話せるか
（対人面）他者について	・どのような人と会話するか、しないか（その理由） ・孤立しないか ・依存しすぎないか ・困った時に助けを求める人は誰か	・作業中に他者をどの程度気にしているか ・他者を気にして、作業に影響はあるか ・会話などで困っていることはないか ・困ったことを適切な言葉で相談できるか
（作業能力面）作業について	・どのような場所を好んで座るか ・どのような作業を好んで取り組もうとするか ・慌てていないか ・慌てるとしたらどんな時か ・困った時に質問できそうか	・どのような作業が得意か、どのような作業が苦手か（その理由） ・困って手が止まる場面はどんな時か ・困った時に適時適切に助けを求められるか ・助けを求めて得た支援により修正ができ精度が高まるか

6 アセスメントのポイント

　働くことの条件として、本人がその場にいること、作業をどう実行できるかということを、私は空間軸と時間軸で評価しています。空間軸とは、作業の場で今、レイさんはどこに座り、誰がそばにいて、どこに材料や道具があり、何

の作業を、どのように実行しているか、それらに特別な理由はあるのかを観察することです。例えば、他者と一緒に作業ができず、個別のテーブルを必要とするなら、「人が苦手」なのか、「物が置かれてあると気になる」のかなどをさまざまな角度から確認することです。

　これに対して時間軸とは、利用開始当初と最近とでは、上述の空間（作業の場）での様子がどのように変化したか、それはなぜかを捉えることです。例えば、個別のテーブルが必要だった人が、徐々に他者と同じように、1テーブル2～4人で作業ができるようになったなら、その理由を評価します。「作業に集中して周囲が気にならなくなった」「話すことで安心できる友人ができた」などを、以前と現在と同じ条件の場や作業で、比較検討する中にヒントが隠れています。その人が作業に取り組めない理由として、不十分な点を評価するのではなく、①取り組みにくい条件は何かを評価すること、②すでにもっているストレングスを評価すること、③できる限り同じ条件下での変化（好ましい変化も好ましくない変化も）を見つけ、それを支援者間で共有することがポイントになります。

　さらに、このポイントの精度を高めるための前提もあります。

　一つ目は「行動観察する側に一貫性があること」です。人や作業、その時の状況によって変化している環境を捉え、観察者である自分の態度や表情、示している条件はブレていないかを意識し確認できていることが前提になります。

　二つ目は、「当たり前に安定している状況をみても常に、疑問をもちながら行動観察すること」です。ストレングスを見つけようとすると、ともすればすべての変化を肯定的に受け入れ、疑問や批判的思考ができなくなることがあります。現状の働き方はこれでいいのか、本人に変化してもらうところはないか、環境で変えるべきところはないかなどを考えることです。

　一つ目の前提と矛盾するように見えるかもしれませんが、一貫した理念や態度を保ち、大部分は固定したまま、疑問を明らかにするために、作業や環境の一部に少しずつ変化を加えて、その変化に対応できるかどうかを積極的に試す姿勢を維持することです。

7 双方向の就労支援

　働くことは、社会参加の方法の一つです。「参加する」とは、自分のペースとは異なる外の世界への「関わり」のことであり、小さな世界で生活をしていた人にとっては、どうしたらいいかわからない不安なことへの「挑戦」に他なりません。その挑戦を後押しするのは、「他者と働きたい」という作業（仕事内容）への動機のほか、自分は「こうなりたい」という自己目標、そのために「自分はどうしたらいいのか」「何を変えていけばいいのか」という疑問に対する誠実なやりとりが大切です。

　第2章で示されたライフキャリアの虹で例えるなら、本来の虹の色と同様に境目は明確なものではなく、色合いは少しずつ変化するものです。そして隣り合ったキャリアは相互にいつも影響を及ぼし合うもので、それは就労支援の場でも同様です。本人と事業所職員の間、本人と作業の間、本人と家族の間などすべての隣り合う関係の間で影響し合います。だからこそ支援者自身、安定している現状があっても新しい環境や条件に「関わり挑戦する」という参加への意欲と力量が試されます。

　診断名や障害名が同じだからといって、アセスメントを簡単に終わらせないよう、お互いを「もっと知りたい」という姿勢を示し合うことが、より質の高い支援につながります。その姿勢を「教える→教わる」という一方通行にしないために、多様な生き方や働き方があることを認める社会（環境）が不可欠です。支援者として私は「もしかすると、障害のある目の前の利用者が、"こんな社会ではいけない""もっと他の働き方があるはずだ"と教えてくださっているのではないか」と捉えたいと考えています。

　障害のある人が、今の社会に溶け込むという方向だけでなく、社会や働き方が障害のある人に合わせて変わるという双方向の「関わりと挑戦」が、就労支援の当たり前の理念になることを願っています。

（社会福祉法人和来原会やっさ工房にしまち　管理者・作業療法士）

利用者自身の困り感を把握するには？
──日本語版職業リハビリテーション質問紙（WORQ-J）の紹介

小林隆司／牧 利恵

1 日本語版職業リハビリテーション質問紙（WORQ-J）の概要

　就労にむけた効果的な支援のためには、対象者の状態を適切に把握する必要があります。そして、そのために行われるのが評価（アセスメント）です。評価にはさまざまな方法がありますが、多くは支援者目線の指標を用いたものであり、利用者目線の主観的な指標の利用は、この領域ではまだ一般的とはいえません。しかし、就労支援の究極的な目標が利用者のQOL（生活の質）の向上であり、人によって満足する基準がバラバラである以上、利用者自身の見立てを把握することにも意義があると思います。

　就労支援領域で利用できる利用者自身の評価（患者立脚型アウトカム：Patient Reported Outcome: PROともいわれる）の一つに職業リハビリテーション質問紙（Work Rehabilitation Questionnaire: WORQ）があります。WORQは職業リハビリテーションに関するICFコアセットをもとにつくられ、十分な信頼性と妥当性が確かめられた質問紙です（Fingerら, 2014）。なお、ICF（International Classification of Functioning, Disability and Health：国際生活機能分類）とは、人のすべての営みを（生命活動から社会的活動まで）を「心身機能・身体構造」「活動」「参加」の3つの次元で包括的に分類し、さらにそれに影響する環境因子や個人因子を加えたものです。

　また、ICFコアセットは、膨大なICF分類項目の中から特定の状況に合わせて最低限必要なものをリストアップしたものです（つまりWORQは、ICFの中から職業リハビリテーションで重要な項目を選び出して構成されています）。

　執筆者らは、WORQの日本語版（WORQ-J）を作成し（牧ら, 2020）、WORQ原著者らのホームページに公開しています。原稿執筆時点では、フリー

でダウンロードできます（https://myworq.org/）ので、多くの方にご使用いただければ幸甚です。現在WORQは、13か国語に翻訳され、世界で広く利用されています。WORQ-Jを利用すれば、利用者の困り感を把握し、その変化を数値で表せるだけでなく、それを国際的に比較することも可能になります。

② WORQ-Jの実施方法

　WORQ-Jは、基本情報を把握するためのパート1と、メインとなるパート2に分かれています。パート2は問題の程度を問う40項目と費やした時間を問う2項目に分かれます。今回は、利用者の困り感を把握するという点から重要な前者の40項目について少し詳しく説明します。

　この40項目では、「1日中疲れていて、元気が出なかったこと」のような事項について、過去1週間における問題の程度を「0＝全く問題なし」から「10＝最大の問題」までの数字で対象者自身が自己評価し、その数値のボックスにチェックを入れます。質問に対する数値が大きいほど、問題の程度は大きく、質問項目に対して多くの問題を感じていることを表します。また質問に対する数値が小さいほど、問題の程度は低く、質問項目に対して問題を感じていないことを表します。なお、環境の影響を少なくして、個人の能力を把握するために、「誰かからの援助や福祉用具なしで活動すること」を想定して回答していただきます。

　40項目すべてにチェックが入れられていることを確認したのち、40項目の合計得点を計算します。次にWORQ-Jにはいくつかの下位尺度得点が設定されていますので、それらの合計点も出します。表1に下位尺度に使う項目を示しましたので、ご活用ください。なお、これらの合計得点は、項目数が違うので、項目数で除して平均得点にしておくと、直感的な比較が容易になると思います。

　こうして全体の傾向をつかんだら、さらに、項目を一つずつみて、得点の高い（問題の大きい）項目を確認して、具体的な支援につなげていくといいと思います。

表1 ● WORQ-J の項目と下位尺度の例（数値は後述の友子さんのもの）

No.	WORQ項目
1	1日中疲れていて、元気が出なかったこと
2	睡眠（居眠り、夜頻繁に起きてしまう、朝早くに目が覚めてしまうなど）
3	大切なことを記憶している
4	悲しかったり、落ち込むことによって、日常生活に問題があった
5	心配事があったり、不安になることによって、日常生活に問題があった
6	イライラしたこと
7	怒りっぽかったこと
8	自信をもつこと
9	物事をはっきり考えること
10	日々の問題の解決方法を分析して見つけること
11	聴くこと
12	動いている時や止まっている時にバランスを保つこと
13	身体に痛みがあったこと
14	運動をする時の持久力
15	筋力
16	皮膚が薄くなったり、床ずれなどの皮膚の問題
17	新しい課題の学習（新しいゲームの学習、コンピュータの使い方の学習、道具の使い方の学習など）に関すること
18	特定の課題に集中して取り組むこと。例えば騒音のような注意が散るものを意識から外す
19	読むこと
20	判断すること
21	寝床を整える、あるいは仕事場や机上をきれいに片付けたりするといった単純な課題をこなすこと
22	日々の活動や日常生活の必要な活動を実行すること
23	ストレスや危機、葛藤を対処すること
24	ジェスチャー、記号、イラストの意味を理解すること
25	会話を始めることや、続けること
26	電話、通信機器、コンピュータなどのコミュニケーション機器を使用すること
27	5kg以下のものを持ち上げて運ぶこと
28	5kg以上のものを持ち上げて運ぶこと
29	細かな手の使用（手や指を使って、物を扱う、拾い上げる、操作する、離すなど）
30	1km以下の短い距離を歩くこと
31	1km以上の長い距離を歩くこと
32	這う、登る、走るなどして動き回ること
33	乗客として移動手段を使用すること
34	車などの乗り物を運転すること
35	服を着ること
36	バランスの取れた食事、十分な運動、必要に応じた受診などのような、健康への気遣いをすること
37	人間関係
38	生活するうえで十分なお金を持っていること
39	手が届く距離のものを見ること
40	通りの向かい側（約20mの距離）にいる知人だと分かる
	合計
	平均

合計	心身機能	活動と参加	情緒	認知	操作性	移動	短縮版	No.
4	4						4	1
7	7							2
7	7			7				3
8	8		8				8	4
8	8		8				8	5
8	8		8					6
8	8		8					7
7	7		7					8
1	1			1				9
6	6			6			6	10
7	7							11
2	2					2		12
1	1						1	13
2	2				2		2	14
2	2				2			15
1	1							16
1		1		1			1	17
8		8	8					18
2		2	2					19
3		3	3					20
7		7			7			21
2		2			2		2	22
6		6	6				6	23
2		2	2					24
9		9	9					25
3		3		3	3			26
1		1			1			27
2		2			2			28
3		3						29
2		2				2	2	30
2		2				2	2	31
3		3				3	3	32
2		2						33
7		7			7			34
0		0			0			35
3		3			3			36
10		10					10	37
9		9						38
2		2						39
2		2						40
170	79	91	45	42	29	9	55	
4.25	4.9375	3.791666667	7.5	4.2	2.9	2.25	4.230769231	
/40	/16	/24	/6	/10	/10	/4	/13	

表2は、WORQ-Jとその下位尺度の平均得点の平均と平均±SDの参考値を示したものです。これらは、Makiら（Maki et.al, 2022）のデータから算出したものです。対象は、8施設の就労移行支援事業所に所属し、復職や就労を目指している利用者57名で、平均年齢37.1歳、疾患は、精神疾患が50%、発達障害15%、知的障害15%、その他20%でした。サンプル数が少ないため、ここではあくまで参考値として示しています。平均+SDより値が高い場合は困り感が強い可能性があると思います。

表2 ● WORQ-J の参考値

	平均 -SD	平均	平均 +SD
すべての項目の平均得点	1.06	2.91	4.76
情緒の平均得点	1.16	4.22	7.28
認知の平均得点	0.78	3.02	5.26
操作性の平均得点	0.70	2.41	4.13
移動の平均得点	-0.12	1.89	3.91

4 　事例紹介

〈仕事歴〉

　友子さん。20代、女性。一般企業に事務職として就職しましたが、計算や文章の間違いが多く、次第に上司の叱責を受けるようになりました。朝起きられなかったことをきっかけに、会社に行けなくなり、病院を受診。ASD + ADHDと診断されました。数か月の自宅療養の後、会社を退職し、就労移行支援事業所に通所することになりました。安定して通所できていましたが、次のステップとしての企業での職場実習等には二の足を踏んでいました。そのため、本人の困り感を理解するためにWORQを実施しました。

〈WORQの結果〉

表1に友子さんのWORQ-Jの結果を示しました。全体的に得点が高め（平均4.25）で、特に情緒の下位尺度得点が高かったです（平均7.5）。項目ごとにみると、特に人間関係とコミュニケーションに困り感が強く、そのために生活に不安があり自信がもてない様子が見て取れました。また特性から、聴覚的な聞き取りが苦手であったり、騒音によって注意散漫になりやすかったりすることもわかりました。さらに、十分に睡眠がとれておらず、それが集中力に影響している可能性も考えられました。

〈対策〉

　WORQ-Jをもとに友子さんと対策を話し合いました。まず人間関係については、自分の不用意な発言によって、人間関係を壊すことが多々あり、コミュニケーションに苦手意識があるが、どうしてよいかわからないとのことでした。そこで、発言前に一呼吸おいて、「言い換え辞典」などを利用して、相手の受け入れやすい言葉に変換して発言することを実践することにしました。

　聴覚からの情報の処理が苦手である点については、ミーティングなどでは、スマホのボイスレコーダーの活用やあいまいな点は必ずスタッフに確認することを実践することにしました。また、作業はなるべく静かな場所で行えるように配慮しました。また、睡眠については、スマホのアラーム機能を使って、テレビや動画を見ていても夜10時になったらやめて、就寝の用意を始めるように習慣づけることにしました。

　その後、友子さんはそれぞれの対策が少しずつできるようになり、自信もつき、現在は職場体験に参加しています。

5　すべての人が、能力に応じて働ける日を願う

　利用者自身の困難感を把握することで、利用者本位の就労支援の一助になればと思いWORQ-Jを紹介させていただきました。働くとは、傍を楽にすることだと言われます。コンビニのおにぎり一つをとってみても、お米の生産者、海苔の

生産者、おにぎりをつくる人、おにぎりをコンビニに運ぶ人、レジを打つ人など、多くの人が働いているので、私は楽にそれを手に入れることができます。障害があってもなくても、傍を楽にする、つまり他者のために行動することによって、私たちは生活に満足感や生きがいを得ることができるのです。最後に、すべての人が、その能力に応じて働ける日が来ることを願いつつ筆をおくことにします。

（兵庫医科大学リハビリテーション学部作業療法学科／東京都立大学大学院生）

[引用文献]

1 Finger, M. E., De Bie, R., Nowak D., Escorpizo, R. (2014) Development and Testing of an ICF Based Questionnaire to Evaluate Functioning in Vocational Rehabilitation: The Work Rehabilitation Questionnaire (WORQ), Escoepizo, R., Brage, S., Homa, D., Stucki, G. (ed.), Handbook of Vocational Rehabilitation and Disability Evaluation, 495-520, Springer International Publishing

2 牧利恵・小林隆司（2020）「日本語版職業リハビリテーション質問紙（WORQ-J）の作成～言語的妥当性の検討～」『作業療法』39、6、765-768
Maki, R., Kobayashi, R. (2023) Reliability and validity of the Japanese version of the Work Rehabilitation Questionnaire (WORQ), Journal of Japan Academy of Health Sciences, 26,1,1-6

3 Finger, M. E., De Bie, R., Nowak D., Escorpizo, R. (2014) Development and Testing of an ICF Based Questionnaire to Evaluate Functioning in Vocational Rehabilitation: The Work Rehabilitation Questionnaire (WORQ), Escoepizo, R., Brage, S., Homa, D., Stucki, G. (ed.), Handbook of Vocational Rehabilitation and Disability Evaluation, 495-520, Springer International Publishing

4 牧利恵・小林隆司（2020）「日本語版職業リハビリテーション質問紙（WORQ-J）の作成～言語的妥当性の検討～」『作業療法』39、6、765-768

5 Maki, R., Kobayashi, R. (2023) Reliability and validity of the Japanese version of the Work Rehabilitation Questionnaire (WORQ), Journal of Japan Academy of Health Sciences, 26,1,1-6

アセスメント結果をどのように活かすか
家族や支援者へ伝えたいこと　　　　　　　　　　　宇野京子

就労支援に関するアセスメントには、本書でご紹介したもの以外にも対象者の心身の状態、疾病、訓練の過程でその時期に応じてさまざまなツールが用いられます。それらの詳しい内容や特徴は、他の書籍や専門書へ委ねますが、本書であえてアセスメントの章を立てたのは、保護者の方にもアセスメントを行う目的を正しく理解して欲しいと思ったからです。本書では、学齢期から働くことを家族で考えて頂けるよう、いろいろな対象年齢や場面でのアセスメントに関する情報提供をしています。

学齢期のアセスメントの目的は、対象児の状態やすでに獲得している力を把握し、次の目標に向けて活かすことです。特に、学校現場で行われる場合は教室の光や匂いなどの環境や、先生や周囲の友達からの人的な影響もあるかと思います。同様に、就労支援に関しても環境や人的要因に加えて、就職したいまたは働いている企業文化や組織の不文律のルールに適応できるか、企業が描くキャリア形成

のプランもアセスメント結果に影響を及ぼすことになります。

アセスメントを行うと、ついその結果に目がいきますが、結果に一喜一憂するのではなく、明らかになったその時の対象者の状態に対して、次にどのようなアプローチを行うかが重要です。アセスメント結果を共有する場合、どのような場面設定と時間に、どのような行動が観察されて、それは良いことなのか改善すべきことなのか、相手の認知能力にあわせて納得できる形で伝えることは支援者として重要な役割だと考えます。

年齢に関わらず、アセスメントを実施する場合は、ボトムアップ視点、課題解決のためにトップダウン視点、そして先天性障害や幼少時からの障害を対象として持っている機能を活かして、さらに発達させる"ハビリテーション"の視点を融合させ、対象者のニーズに近づけるよう障害特性や健康状態から3つの視点の割合や優先順位が変容していくイメージで捉えていただくとよいと考えます。

（一般社団法人職業リハビリテーション協会　理事）

4 アセスメントを企業へつなぐ

宇野京子

① 採用時のアセスメント

　企業は障害のある人を雇用するだけでなく、自社に貢献する重要な戦力として、育成・定着させることが求められます。そのため、企業における採用時のアセスメントは、求人募集している業務にマッチするか、どのような配慮があれば能力を発揮してくれるかが重要になってきます。また、自社の企業文化や組織の支援体制と照らし合わせ、指示理解や報告・連絡・相談、同僚とのコミュニケーションができるかなどを見極める必要があります。継続して働き続けられるようにするためのアセスメントなので、職務能力だけでなく、「なぜ働きたいか」「どう働きたいか」「障害をどう受容しているか」など、本人の働く意向や自己認知も確認することになります。

　本人が就職後に職場で、どのようなことに、どの程度困るのかについて、支援者はどのようなことが予想されるのかを本人と一緒に考えながら、特性を開示した場合は、どのようなことが期待できるか、一緒に本人にわかりやすく説明する必要があると思います。

　採用後のアセスメントは、キャリア形成や職場定着といった「人材戦略」のために行うアセスメントになります。多くの会社で健常者職員と同様に、障害者雇用枠の人も年間の目標設定と人事評価を行う会社もあり、その場合は本人の特性や成長を図る作業としてアセスメントが行われます。

② 移行支援ツール「就労パスポート」を活用したキャリア形成

　就労パスポートは、2019年に厚生労働省が提案した、精神障害等の外観で

はわかりづらい障害をもつ人が、就職活動や移行期に障害特性や配慮事項について支援者と一緒にまとめる移行連携ツールです。当事者の同意が前提となりますが、支援の関係者が就労パスポートを共有することで効率的に当事者の状態を知ってもらえるツールでもあります。私が企業支援の一環で就労パスポートの記載内容について、人事担当者へ説明するのは、望月氏（2016）が述べるように、自己理解が障害者本人の職場適応に必要な条件を見直していく上での鍵になると感じているからです。

　印象的だった事例を紹介します。20代の貴志さん（精神障害者保健福祉手帳２級）は、大学へ進学して一人暮らしを始めて、生活のしづらさに気づき、病院受診したことで発達障害とうつの診断を受けました。大学中退後、週30時間（一般就労）の職場で５年間働いた後、キャリアアップ先として選んだ行政機関（正社員／障害者雇用枠）への応募を相談されました。貴志さんは、「新たな職場に移りたい」との意思を示したものの、一般職員（健常者）の中に入って稼働した経験がなかったため、自己理解支援として就労パスポートの記入項目を意識した対話を開始しました。業務日誌を実施していたため、その日の担当業務で工夫した点や作業速度、作業の正確性、その効果を数値や満足度で報告するように助言しました。

　採用試験の本番では、自分の特性について説明が行うことができ、採用が実現しました。採用の内定書類として、就労パスポートを作成する時には、ツールの活用や自分の環境を整えることが業務遂行面でどのように容易になったかを、具体的に納得感をもって記入することができていました。それは、貴志さん自身が就労生活を通じて、自己分析の目的と期待する効果を理解することにより、心理的側面や自分に影響を与える環境的要因について、自己理解を深めていったからだと思います（宇野ら,2022a）。入職後は、職場で稼働することで配慮事項の軽減や、新たな気づきからの配慮事項について相談するために、就労パスポートの更新版を作成して職場へ提出していました。

　２年目の４月も同様の部署ではありましたが、異動時期は組織全体が慌ただしくなり、自ら援助を申し出るのが苦手な貴志さんにとっては、人的環境や職

場環境に慣れるには大変な時期でもあったかと思います。しかし、入職時と同様の就労パスポートを用いることで、人事異動で着任した新たな上司へも配慮事項や、職場で獲得したスキルの説明が可能となり、主体性をもって、環境調整を図るというサイクルを廻そうとする意欲の表れだったと感じました（宇野ら,2022b）。それは本人が職業生活や作業遂行上の困難性について、なぜそのようになっているのかを導き出せた成功体験でもあったように考えます。

　貴志さんはこの時、「健常者の中で働いていると、自分だけ切り離された気持ちになる時があって、うつ気味になっていると感じる時もあります。更新版を作成し提出したのは、時間が経過すると自分のもっている特性や疲労度のことが（職場内で）忘れられていると感じるから」と、自らが改善に向けて配慮の申し出を行い、上司との面談を依頼したと語ってくれました。

　このことから、当事者自身が、就労パスポートを支援者や職場とのギャップやミスマッチを予防するための手法の一つとして、就労経験の棚卸しやコミュニケーション能力、ストレス要因とコーピングスキル等、譲れない就労意欲の軸となる価値観などを雇用継続中においても整理し、職場と共有できるよう働きかけることは、自立的に働いていく上では貴重な経験になり得ると考えるようになりました。

　2018年、厚生労働省に「2040年を展望した社会保障・働き方改革本部」が設置され、団塊ジュニア世代が高齢者となる2040年を見据えた検討が進められてきました。そこでは高齢者の人口の伸びは落ち着き、現役世代（担い手）が急減するために、今後、国民誰もが、より長く、元気に活躍できるようにと強調されています。

　障害のある人も、「人生100年時代構想」の話題を、「わが事」として捉える視点が必要なのではないでしょうか。特に、雇用契約を結んで働く人のアセスメントの場合においては、支援者が提供するアセスメント結果が雇用維持に直結する場合もあります。加齢や疾病から生じる健康状態や業務が担える状態かを客観的に把握した結果であるならば、場合によっては本人の価値観や優先順位を鑑みながら、次のライフステージへ移行する際の極めて貴重なアセスメン

ト情報になるのかもしれません。

（一般社団法人職業リハビリテーション協会　理事）

［文献］
1　宇野京子・前原和明（2022a）「自閉スペクトラム症特性のある青年のキャリアアップの動機と行動変容に関する事例研究―10年間の振り返りと転機における支援」『Total Rehabilitation Research』10、52-66
2　宇野京子・前原和明（2022b）「発達障害当事者のキャリア形成のプロセスと『就労パスポート』の活用の効果」『第30回職業リハビリテーション研究・実践発表会論文集』、104-105
3　望月葉子（2016）「自閉症スペクトラム障害のある人の就労」日本児童研究所監修『児童心理学の進歩』金子書房、226-249

column

障害のある人のウェルビーイングの実現に向けて
はたらく幸せを考える　　　　　　　　　　　　　　宇野京子

「満足度・生活の質に関する指標群」を内閣府がはじめて公表した 2019 年 7 月くらいから、国の雇用政策研究会報告書や地方自治体が発表する資料の中にウェルビーイングという言葉が載り始めました。これまでの経済成長だけでは推し量ることができないウェルビーイングな社会の実現が、日本でも喫緊の課題になってきたと言えます。企業の中には、「活力」「熱意」「没頭」の三つが揃い、仕事に対してやりがいを感じ、充実している状態であるといった複合的な要素からなる「持続的幸福度（Flourish）」を指標に、ウェルビーイングの実現に向けて取り組んでいる企業もあります。

さて 1983 年に策定された ILO159 号条約において、職業リハビリテーションは「障害者が適当な職業に就き、これを継続し及びその職業において向上することを可能にし、それにより障害者の社会における統合又は再統合の促進を図る」と定義されています。また、特別支援教育や障害者の雇用・就業に関する研究家で、地域共生社会の実現を掲げた「一億総活躍国民会議」（2016 年 6 月閣議決定）の委員でもあった松為信雄先生は、社会環境の急激な変化と実態に基づいて、職業リハビリテーションの新たな定義を示しています。それは「生物・心理・社会的な障害のある人が、主体的に選択した仕事役割の継続をとおして生活の質が向上するように、発達過程の全体をとおして多面的に支援し、それにより社会への統合又は再統合を促進する総合的な活動」というものです。

この二つの定義の違いとして、後者には、生活の質の向上が取り上げられています。つまり単に働き賃金を得るだけでなく、ウェルビーイングの実現が障害者雇用にも求められるというのです。このような時代の流れの中で、支援者は専門職として、多様性という言葉で翻弄されやすい障害のある人の人権が企業内で軽んじられることがないよう、時代の変化に対応できるよう自己研鑽を重ね、企業と対象者双方にバランスを保った支援ができるよう倫理観を意識することが求められると感じています。

（一般社団法人職業リハビリテーション協会　理事）

206

Part 5
ウェルビーイングな
生き方を支える

働くことを踏まえて クオリティ・オブ・ライフの向上と ウェルビーイングを目指す支援

松為信雄

はじめに

ライフキャリアの視点から障害がある人の「働く」を支えることは、単に就職を支援することに留まるのではなく、働き続けることを通して社会と関わり合いながら、充実した、満足のいく人生を送るにはどのような支援をすべきかを考えることです。

これは、学校教育を通しての職業準備性の学習、選択した仕事への就職、職業的役割の継続と定着、そして働く場面からの引退に至るキャリア発達の視点を踏まえた、生涯におよぶ個別キャリア（personal career）の育成に向けたサービスや支援を意味します。

これが、職業リハビリテーション活動の焦点です。また、その基盤となるコンセプトが「ライフキャリアの虹」であり、さらに、「クオリティ・オブ・ライフ」や「ウェルビーイング」です。

本書は、こうした視点を踏まえた19本の論文に加えて、数多くのコラム（12本）が掲載されています。読者のみなさんはこれらの内容から、実践現場における率直な感想や課題そして具体的な支援の仕方について多くの示唆を得られたことでしょう。

ここでは、これらの実践の背景に関連する理論的な知見のいくつかについて指摘したいと思います。それによって、実践的な活動のもつ意味について、より深い示唆を得ることができるでしょう。

Part 1 は「働くということ」について、作業療法士の視点から3つの論文が掲載されていますが、「働くことの意義」はこのほかにもさまざまな見方があります。そこで、キャリアカウンセリングや職業リハビリテーションの視点からの知見を紹介します。

職業は、人間にとって目的を伴う活動であり、生産や流通を含む産業的な活動を通して、社会の発展と存続に必要な役割の一端を個人的に分担する機能です。ですから、働くことの意義を「役割の実現」という点から見ると、社会自体の存続や発展に必要不可欠な生産的な活動を社会集団の構成員に割り当てて分業化する「社会的な意義」と、個々人に割り当てられた役割を果たすことを通して自身の能力や興味を発揮したり、仲間や他の人からの賞賛を得たりして、自己有用感や達成感を味わう「個人的な意義」の二つの側面から捉えることができます（図1）。

前者は、仕事や職場での活動で割り当てられた役割をこなす「充足」的な活

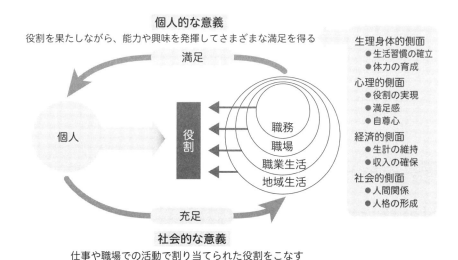

図1 ●働くことの意義

動です。また後者は、役割を果たしながら能力や興味を発揮する「満足」を得る活動です。働き続けるということは、この充足と満足の双方向的な活動をらせん階段的に昇り続けることを意味します。それによって、人は、経済的・生理身体的な利益ばかりでなく、自分は社会に貢献して価値ある存在だという自尊心や自己効力感を得ることになります。

　実際のところ、「あなたにとってよい仕事は何？」と問われると、例えば、「真剣で責任感のある態度が求められる」「自分にとって意味のあるもの」「活動の内容そのものが魅力的である」「活動を通して自分を成長させてくれる」「社会的に価値のある成果につながる」などの回答が得られます。仕事を自分の価値観にどのように織り込んでいるかという、仕事に対する見方や姿勢がよい仕事であるかどうかを決めているのです。

　働くこと・働き続けるということは、仕事を手段として自分らしい充実した人生を送るという意味の「クオリティ・オブ・ライフ」の向上と、幸福な良い状態を意味する「ウェルビーイング」を志向した活動であることを示しています。「ライフキャリアの虹」で示されたさまざまな役割の中でも、特に「職業人」としての役割を重視するのはそのためです。

　こうした働く・働き続けることに対する視点は、障害の有無とは関係なくすべての人が共有すべきだと考えています。ですから、障害のある人は言うまでもなく、その家族や親族、医療・福祉・教育・雇用分野の支援者、そして、企業の経営や雇用管理者など、支援に関わるすべての人が、こうした価値観を共有していただきたいと思います。

② 発達過程と障害

　Part 2 の「『ライフキャリア』の虹にそって」では、国際生活機能分類に基づいた障害児者のライフステージにそった発達支援、幼児期と児童期に育成すべきソフトスキル、特別支援学校における進路指導と移行支援などの関わり方、教育から労働分野への移行支援、就職後に受障した中途障害者など、生涯

発達の過程を通して直面する障害に関わる課題とその対応に焦点を当てた6つの論文で構成されています。これらに共通することは、障害のある人がライフキャリアにおける多様な役割を遂行するには、家族・保護者・教師そのほかの多くの人（環境）からの支援的な関わりが不可欠ということでしょう。

　こうした障害のある本人とそれを取り巻く人や環境との相互作用は、図1でも示したとおりです。この場合、「充足」と「満足」のらせん階段を上昇させるには、本人に向けた支援と環境に向けた支援の双方から取り組むことが不可欠です。

　前者は、職業的能力を教育や訓練によって新たに学習したり、習得した能力を実際の職場環境や職務の遂行に活用できるように再調整する支援です。例えば、働くことの意味や職業人としての役割行動の習得、職務の遂行に不可欠な知識や技術の学習、職場の新規機材や技術の導入に対する再訓練、配置転換などの新たな事態に対応できる行動の獲得などです。

　これに対して、後者は、仕事の環境を本人の状況に応じて調整したり、社会資源それ自体の内容や運用を改善する支援です。例えば、本人のニーズや能力・生活状況に応じた就労支援や生活支援サービスの組み立て、作業環境や職務内容への合理的配慮、新たな仕事の創出などがあります。

　6つの論文は、ライフキャリアの虹に示される多様な役割を担うようになるには、どの発達段階においても、本人に対する支援と環境に対する調整との交互作用があってこそ成し遂げられることを示しています。障害の特性を踏まえた環境調整の重要さを改めて認識するとともに、働く・働き続ける場合にも同じことが言えるのです。

3　支援者と当事者の想い

　Part 3は「障害のある人たちとの関わりから伝えたいこと」です。

　制度のない時代から発達障害のわが子を保護し支援してきた親、精神障害や発達障害の親族や身内の支援をしつつ企業支援を担うキャリアコンサルタン

ト、ピアサポート活動を展開する発達障害の当事者、発達障害のわが子を保護・支援しつつ障害者雇用管理を担うジョブコーチなど、多様な支援者たちの実践について4つの論文が掲載されています。加えて、日本の福祉制度や障害者雇用率制度そして統合教育に向けた提言と、保護者教育や教育プログラムの一環としてのアセスメントを子どもたちが受け入れることの意義について、2つの論文が掲載されています。

　これらは、本人が働く・働き続けるには、本人を支援する親を含めた多様な支援者が、役割分担しながら長期的に連携する支援ネットワークの重要性を示しています。その利点は、本人にとっては、人生の各段階で適切な支援が受けられ、どの機関を利用しても必要な支援に結びつき、想定されるさまざまな問題に対する適切な支援を受けることができます。また支援者にとっては、分野の異なる実務担当者の間で就業支援のイメージを共有して効果的な役割分担ができるとともに、支援を継続的につなげることも可能になります。

　障害のある人が地域生活を確保して維持できることを担保する「地域力」は、こうした支援ネットワークの強固さの程度によって現れます。それは言い換えると「社会的支え」（図2）の程度と見ることができるでしょう。

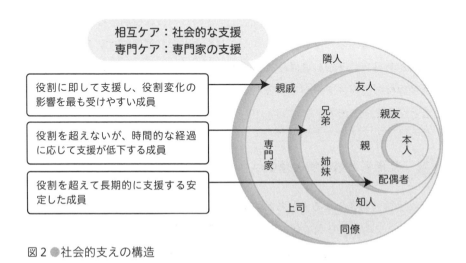

図2 ●社会的支えの構造

「社会的支え」の構造では、本人を支える多様な人たちが、支援的な関わり方の質や程度に応じて3重の同心円のどこかに位置づけられます。外円は、社会的な役割関係に即した限られた関わりにとどまり、役割関係の終了とともに交流も途絶える人たちです。中円は、親密な交流が生まれるのだが、時間の経過とともに支援が低下する人たちです。これらに対して、内円は、役割関係を超えて人生の長い期間を通して親密な交流が維持され、本人は安心して自分を委ねることのできる人たちです。

　これらの構造に組み込まれるさまざまな支援者が、相互に緊密な情報交換とネットワークの構築があってこそ、障害のある本人は、安心・安全な地域生活の維持が担保されると言えるでしょう。それゆえ、支援を担う専門家は、社会的支えの重要性を理解して、これを育成して崩壊しない対応を心がけていただきたいと思います。また、内円の中核となる家族に対する支援の重要性を改めて認識することが大切でしょう。さらに、本人の人生全体を通して、社会的支えの構造に参入する人を増大させるような支援もあってよいのではと思います。例えば、障害のない人たちの青年学級や地域社会への参加などです。

④　就労に向けたアセスメント

　Part 4 の「支援をする人へ―就労アセスメントについて」では、移行期支援におけるアセスメントの意義、行動観察に基づくアセスメント方法、利用者本人の困り感の把握方法、アセスメントを企業の雇用管理に活かす方法、の4つの論文が掲載されています。

　就労アセスメントは、働きたいという個人ニーズを踏まえながら、必要なサービスや支援を見定める過程です。ですが実際には、本人はニーズそのものをどこまで自覚しているか不明なことが少なからずあります。障害があると、このことが顕著になりがちです。そのため、実際のアセスメントは、本人が職業的なニーズをどこまで明確化しているかによって、「目標達成志向型」と「問題発見志向型」を両極とする範囲のどこかに位置づけられることに留意するこ

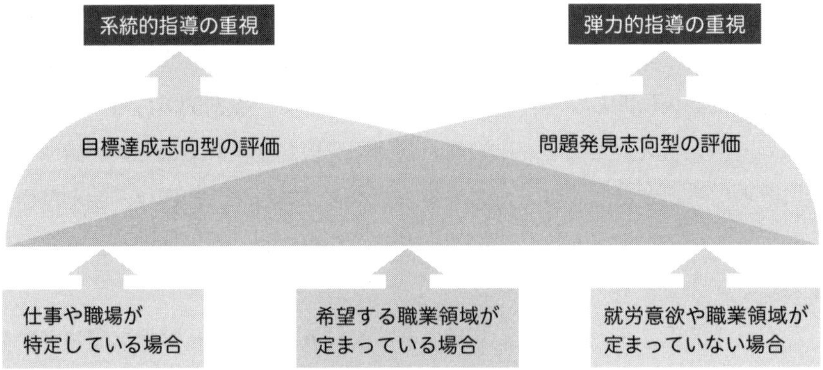

```
系統的指導の重視          弾力的指導の重視
        ↑                    ↑
    目標達成志向型の評価      問題発見志向型の評価

        ↑          ↑          ↑
   仕事や職場が   希望する職業領域が   就労意欲や職業領域が
   特定している場合  定まっている場合   定まっていない場合
```

図3 ●アセスメントの型

とが必要です（図3）。

　前者は、就職の意思や動機あるいは特定の職種や事業所などの目標が比較的明確になっている場合であり、自覚している目標に向けた教育・指導・訓練、そして配慮の方法を明確にすることに焦点を当てます。これに対して後者は、働くことに対する考えや働きたい仕事などのニーズや目標が明確になっていない場合であり、自己理解や将来展望を深化させる相談（カウンセリング）が中心になります。どちらの型に基づいたアセスメントをするかは、本人の働くことへの意識や将来への見通しの程度によって異なり、また、実際の就労支援サービスや援助の提供内容も異なってきます。また、双方のアセスメントの型を行き来することもあります。

　就労アセスメントの評価指標を活用する専門家は、それがどのような方法であれ、その活用の目的が「目標達成志向型」と「問題発見志向型」のどこに位置するかを明確に自覚していることが必要でしょう。それがあって初めて、アセスメントは本人の自己決定や自己選択に結びつくものとなるでしょう。

おわりに

　現在、障害のある人を含む生きづらさを抱えた人たちの雇用・就労支援の施

策は、新たな方向に踏み出しています。それは、医療・教育・福祉・雇用の分野間の切れ目のない一体的な支援施策を展開すること、そのための雇用や福祉の垣根を超えた就労支援人材の育成と確保をすることなどです。

　これらの切れ目のない一体的な支援施策を展開する際の基盤となるのが、職業リハビリテーションの知識と技術の体系です（松為、2021）。障害のある人の雇用が「量から質」への展開が求められている時代状況に対応していくには、実践現場のノウハウの蓄積とともに、その背景をなす理論的基盤の理解を深めていくことがますます必要となります。本章のそれぞれの Part での知見も、それを踏まえて展開しました。

　また、就労支援人材の育成では、異なる専門分野の人たちのディスカッションの積み重ねが高い効力を発揮します。例えば、職業リハビリテーション協会[1]の実施している「塾[2]」では、オンデマンドの事前講義を基にしたオンラインのディスカッションプログラムを展開しています。その修了生が、本書の編集人や複数の分担執筆者となっています。

（一般社団法人職業リハビリテーション協会・松為雇用支援塾　主宰
神奈川県立保健福祉大学・東京通信大学　名誉教授）

[文献]
1　松為信雄（2021）『キャリア支援に基づく職業リハビリテーションカウンセリング―理論と実際―』ジアース教育新社

1　一般社団法人職業リハビリテーション協会：https://www.facebook.com/Japan.VRC/
2　松為雇用支援塾（Rehab.C.塾）：https://rehab-c.org/

おわりに

　ここまで、お読みいただきありがとうございました。

　最後にもう一度、キャリアについて整理してからまとめに入りたいと思います。

　厚生労働省が「キャリア形成を支援する労働市場政策研究会」報告書で提唱しているキャリアとは、働くことに関わる「継続的なプロセス（過程）」のことであり、働くことにまつわる「生き方」そのものを指しています。つまり、就労を目指すプロセスのなかで、技術・知識・経験を身に着けていくことに加えて、人間性や社会性を磨いていくこと、そしてプライベートも含めた自分自身の生き方そのものもキャリアに含まれるということです。

　2022年10月26日、国会に「障害者総合支援法改正案」が提出されました。改正案は、「障害者の地域生活」「障害者および障害児への社会的ニーズに対する細かな対応」そして「持続可能かつ質の高い障害福祉サービス等の実現」という3つの柱で構成されています。障害者の地域支援体制の充実や、精神障害者の希望やニーズに応じた支援体制の整備に加えて、多様な就労ニーズへの支援及び障害者雇用の品質の向上など就労支援に関する内容が含まれています。特記すべきは、2024年4月から始まる「就労アセスメントの手法を活用した支援の制度化」、「短時間労働者に対する実雇用率算定等」、「障害者雇用調整金等の見直しと助成措置の強化」という3つの項目が盛り込まれたことです

　本書は、発達障害などの障害を中心に、「多様性に寄り添う個別最適な支援の在り方」や「働き続ける」ために、特性と折り合いをつけてこれからどんなことを意識しておくべきなのか、世の中との対峙の仕方、異領域の視点と専門性をつなぐことの意義、学校や職場での対処法、アセスメントの捉え方について提案してきました。

　2023年春に、編者としてこれらの内容を提案したのは、法改正により支援を受ける人たちの環境は大きく変化し、支援者の質がより一層問われるようになると考えたからです。本書はそのような時代の狭間に発刊されることや、専

門性の違いから濃淡のある内容と構成となりました。また、完成までには紆余曲折もありましたが、松為信雄先生が主宰する（一社）職業リハビリテーション協会・松為雇用支援塾の協力を得て、虹の「スペクトラム」（連続体）のように多種多様な専門性をもつ保護者と専門家が寄稿してくださいました。

とりわけ、当事者、家族、支援者といった多くの読者にむけて、児童期から成人期にわたるまでの長いスパンで就労支援を案内する本となりました。

極端に語るとするならば、お伝えしたい情報は制度説明や支援の術ではなく、「働くことの意味を問う」、さらには「自分なりの幸福軸」へ意識をシフトしていただくことでした。

執筆者たちの共通の願いは、ご本人の状態に合った学び方や働き方を問い、心身共に健康な生き方を探していただくことにほかなりません。時には理不尽なことに遭遇したり、対話したいと思っても相手とうまくコミュニケーションがとれず割り切れない感情に捉われることもあるでしょう。それでも、その時に納得できる道筋を切り拓いていかざるをえない。そんな苦しい時こそ、ライフキャリアを意識して「諦めず」「投げ出さない」ためのヒントになれば幸いです。

最後に、「プランド・ハップンスタンス理論」をご紹介したいと思います。スタンフォード大学の教育学・心理学者であるクランボルツ教授が提唱したもので、日本語では「意図された偶然」や「計画された偶発性理論」と訳されています。どのような人が「幸運」に恵まれるのかを研究した結果、「キャリアは意のままにコントロールできない。キャリアの8割は偶然によって左右される。だから偶然をチャンスに転換するように行動をしよう」と述べています。計画通りにいかなくても、まずは挑戦してみよう、それが次の扉を開くことへつながるというものです。

心身ともに健康でなければ、目の前で起こっている物事が自分の将来、社会生活にどのように影響するかが想像しづらいこともあるかも知れません。しかし、心が折れそうな時にこそ、身近にいる「あなたをありのまま受け入れてくれる人」や「大丈夫と言ってくれる人」とつながり、ウェルビーイングに生き

抜いて頂けることを願っています。

　編者として、この本の制作に関わってくださった多くの方にこの場を借りて お礼を言いたいと思います。そして、この本を手に取ってくださった皆さんに 感謝の意を表すとともに、ご健康を祈念しつつ筆をおきたいと思います。

2023年10月

宇野京子

（一般社団法人職業リハビリテーション協会　理事）

[執筆者（50音順）]

名前	所属	担当章
今 井　　 彩	秋田大学教育文化学部附属特別支援学校（教育系スタッフ）、（明星大学通信制大学院生）	● Part2-3
金 田 真 砂 予	岡山市立芳田小学校教諭	● Part2-4
苅 山 和 生	社会福祉法人和来原会やっさ工房にしまち管理者、作業療法士	● Part4-2
河 本 聡 志	倉敷成人病センターリハビリテーション科技士長、一般社団法人岡山県作業療法士会就労支援特設委員会担当理事、子ども地域支援委員会委員、作業療法士	● Part2-2
小 林 隆 司	兵庫医科大学リハビリテーション学部作業療法学科教授	● Part1-2、Part4-3
佐 々 木 浩 則	一般社団法人職業リハビリテーション協会理事、産業カウンセラー、企業在籍型職場適応援助者、障害者職業生活相談員、第二種衛生管理者	● Part3-4
新 沼 ま い こ	東京都内医療機関勤務、作業療法士	● Part3-コラム
新 堀 和 子	LD（学習障害）親の会「にんじん村」、LD等発達障害児・者親の会「けやき」	● Part3-1
二 ノ 宮 あ き ひ ろ	対人援助コンサルタントReFull、作業療法士	● Part1-3
濱 畑 法 生	東京福祉専門学校作業療法士科教員、作業療法士	● Part1-1
早 川 武 彦	障害者支援経験者・当事者、『僕が帰りたかった本当の理由』著者	● Part3-5
菱 山 佳 代 子	一般社団法人職業リハビリテーション協会理事、キャリアコンサルタント、産業カウンセラー	● Part3-2
日 野 公 三	明蓬館高等学校理事長兼校長、アットマーク国際高等学校理事長、NPO法人日本ホームスクール支援協会理事長	● Part3-6
前 原 和 明	秋田大学教育文化学部教授、公認心理師、臨床心理士	● Part4-1
牧 　 利 恵	東京都立大学大学院生、作業療法士	● Part4-3
真 鍋 陽 子	岡山県笠岡市議会議員	● Part2、3-コラム
三 浦 じ ゅ ん い ち	非営利活動団体SEEDとかち事務局、産業カウンセラー	● Part3-3
三 浦 な お み	非営利活動団体SEEDとかち共同代表、介護福祉士	● Part3-3
水 内 豊 和	島根県立大学人間文化学部保育教育学科准教授、公認心理師、臨床発達心理士SV・博士（教育情報学）	● Part2-1
南 　 征 吾	群馬パース大学リハビリテーション学部作業療法士学科教授、作業療法士	● Part2-6
峯 尾 　 舞	医療法人社団KNI　北原国際病院リハビリテーション科、作業療法士	● Part2-コラム

[監修者] 松為信雄 ● Part5

1948年富山県生まれ。東京通信大学教授、神奈川県立保健福祉大学名誉教授。一億総活躍国民会議委員、障害者政策委員会委員、労働政策審議会障害者雇用分科会委員、国立特別支援教育総合研究所外部評価委員長、高齢・障害・求職者雇用支援機構外部評価委員長、労働政策研究・研修機構リサーチ・アドバイザー等を歴任。一般社団法人職業リハビリテーション協会・松為雇用支援塾主宰。

[編著者] 宇野京子 ● はじめに、ライフキャリア支援に関わる社会資源、Part1-コラム、Part2-コラム、Part2-5、Part3-コラム、Part4-4、Part4-コラム、おわりに

1964年岡山県生まれ。川崎医療福祉大学大学院修士課程（医療福祉学）学位取得。2005年度内閣府バリアフリー化推進功労者表彰特命担当大臣賞受賞。職場適応援助者（訪問型ジョブコーチ）。現在、ハローワーク岡山に勤務し、岡山県総務人事課就労支援アドバイザー、岡山県立倉敷琴浦高等支援学校非常勤講師を兼務。障害者職業総合センター研究事業 令和4～6年度「精神障害者の等級・疾患と就業状況との関連に関する調査研究」委員。一般社団法人職業リハビリテーション協会理事。

発達障害児者の"働く"を支える
―保護者・専門家によるライフ・キャリア支援―

2023年10月31日　初版発行

監修者 ● © 松為 信雄
編著者 ● © 宇野 京子
発行者 ● 田島英二　taji@creates-k.co.jp
発行所 ● 株式会社 クリエイツかもがわ
　　　　〒601-8382 京都市南区吉祥院石原上川原町21
　　　　電話 075(661)5741　FAX 075(693)6605
　　　　https://www.creates-k.co.jp
　　　　郵便振替　00990-7-150584

装丁・デザイン ● 佐藤　匠
印刷所 ● モリモト印刷株式会社

ISBN978-4-86342-359-6 C0036　　　　　　　　　　　　printed in japan

発達障害者の就労支援ハンドブック
ゲイル・ホーキンズ／著　　森由美子／監訳　　　　　　　　　付録DVD

長年の就労支援を通じて92％の成功を収めている経験と実績の支援マニュアル！　就労支援関係者の必読、必携ハンドブック！「指導のための４つの柱」にもとづき、「就労の道具箱10」で学び、大きなイメージ評価と具体的な方法で就労に結びつける！　　　　　　　　　3520円

特別支援教育は幸福を追求するか
学習指導要領、資質・能力論の検討　三木裕和／著

OECDが進める国際的な学習到達度調査PISAから眺める学力、特別支援学校学習指導要領改訂が求めるもの、そして、実践からみえる若者の感覚とこれからを歩む権利。
教育現場が必要とする知見をわかりやすく、鋭く問う。　　　　　　　　　　1870円

ユーモア的即興から生まれる表現の創発
発達障害・新喜劇・ノリツッコミ　赤木和重／編著　　　　　　付録DVD

ユーモアにつつまれた即興活動のなかで、障害のある子どもたちは、新しい自分に出会い、発達していきます。「新喜劇」や「ノリツッコミ」など特別支援教育とは一見関係なさそうな活動を通して、特別支援教育の未来を楽しく考える1冊。　　　　　　　　　2640円

キミヤーズの教材・教具　知的好奇心を引き出す
村上公也・赤木和重／編著　　　　　　　　　　　　　　　　付録DVD

子どもたちの知的好奇心を引き出し、教えたがりという教師魂を刺激する、そして研究者がその魅力と教育的な本質を分析・解説。仲間の教師や保護者 が、授業で実際に使った経験・感想レビューが30本。　　　　　　　　　　　　　　　　　　　　　　　　3080円

特別支援教育簡単手作り教材BOOK　ちょっとしたアイデアで子どもがキラリ☆

東濃特別支援学校研究会／編著

授業・学校生活の中から生まれた教材だから、わかりやすい！すぐ使える！「うまくできなくて困ったな」「楽しく勉強したい」という子どもの思いをうけとめ、「こんな教材があるといいな」を形にした手作り教材集。　　　　　　　　　　　　　　　　1650円

ヤングでは終わらないヤングケアラー
きょうだいヤングケアラーのライフステージと葛藤　仲田海人・木村諭志／編著　　3刷

閉じられそうな未来を拓く──ヤングケアラー経験者で作業療法士、看護師になった立場から作業療法や環境調整、メンタルヘルスの視点、看護や精神分析、家族支援の視点を踏まえつつ、ヤングケアラーの現状とこれからについて分析・支援方策を提言。　　　　　　　　　　　　　　　　　　　　　　　　　2200円

子ども・若者ケアラーの声からはじまる　ヤングケアラー支援の課題
斎藤真緒・濱島淑恵・松本理沙・公益財団法人京都市ユースサービス協会／編　　2刷

事例検討会で明らかになった当事者の声。子ども・若者ケアラーによる生きた経験の多様性、その価値と困難とは何か。必要な情報やサポートを確実に得られる社会への転換を、現状と課題、実態調査から研究者、支援者らとともに考察する。　　　　2200円

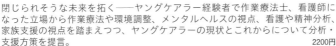

子ども理解からはじめる感覚統合遊び
保育者と作業療法士のコラボレーション
加藤寿宏／監修　高畑脩平・萩原広道・田中佳子・大久保めぐみ／編著

保育者と作業療法士がコラボして、保育・教育現場で見られる子どもの気になる行動を、感覚統合のトラブルの視点から10タイプに分類。その行動の理由を理解、支援の方向性を考え、集団遊びや設定を紹介。　　　　　　　　　　　　　　　1980円

乳幼児期の感覚統合遊び
保育士と作業療法士のコラボレーション
加藤寿宏／監修　高畑脩平・田中佳子・大久保めぐみ／編著

「ボール遊び禁止」「木登り禁止」など遊び環境の変化で、年齢別の身体を使った遊びの機会が少なくなったなか、保育士と作業療法士の感覚統合遊びで、子どもたちに育んでほしい力をつける。　　　　　　　　　　　　　　　　　　　　　1760円

学童期の感覚統合遊び　学童保育と作業療法士のコラボレーション
太田篤志／監修　森川芳彦×角野いずみ・豊島真弓×鍋倉功・松村エリ×山本隆／編著

画期的な学童保育指導員と作業療法士のコラボ！
指導員が2ページ見開きで普段の遊びを紹介×作業療法士が2ページ見開きで感覚統合の視点で分析。子どもたちに育んでほしい力をつける！　　　　　　　　　2200円

「学童保育×作業療法」コンサルテーション入門
地域に出よう！　作業療法士
小林隆司／監修　八重樫貴之・佐藤葉子・糸山智栄／編著

子どもの特性、環境、友だち、支援者の関わりをコンサル20事例で学ぶ。
子ども理解と放課後の生活、作業療法コンサル理論入門と実際。これであなたも地域で活躍できる！　　　　　　　　　　　　　　　　　　　　　　　2420円

エンジョイ！ ファシリテーション・ボール・メソッド
発達を支援するからだの学習　　　　　　　　　FBM研究会／編

子どもの特性、環境、友だち、支援者の関わりをコンサル20事例で学ぶ。
子ども理解と放課後の生活、作業療法コンサル理論入門と実際。これであなたも地域で活躍できる！　　　　　　　　　　　　　　　　　　　　　　　2420円

実践！ ムーブメント教育・療法
楽しく動いて、からだ・あたま・こころを育てる
小林芳文／監修　阿部美穂子／編著　NPO法人日本ムーブメント教育・療法協会／著

インクルーシブな活動として、保育・教育、特別支援、障害者・高齢者福祉で取り入れられ活用！
楽しく体を動かして、主体的に環境にかかわり、感覚・知覚・精神運動の力を育み、自己有能感と生きる喜びを獲得する。　　　　　　　　　　　　　　　　　　2200円

あたし研究	自閉症スペクトラム～小道モコの場合	1980円
あたし研究2	自閉症スペクトラム～小道モコの場合	2200円

小道モコ／文・絵

自閉症スペクトラムの当事者が「ありのままにその人らしく生きられる」社会を願って語りだす―知れば知るほど私の世界はおもしろいし、理解と工夫ヒトツでのびのびと自分らしく歩いていける！

子どもと作戦会議CO-OPアプローチ™入門
塩津裕康／著

子どもの「したい！」からはじめよう——CO-OP（コアップ）とは、自分で目標を選び、解決法を発見し、スキル習得を実現する、子どもを中心とした問題解決アプローチ。子どもにとって大切なことを、子どもの世界で実現できるような取り組みで、「できた」をかなえる。 2420円

運動の不器用さがある子どもへのアプローチ
作業療法士が考えるDCD（発達性協調運動症）　　　　　　　　　　　東恩納拓也／著

運動の苦手な子どもたちがもっと楽しく生活できるように。運動の不器用さがあることは、障害や問題ではありません。DCD（発達性協調運動症）の基本的な知識から不器用さの捉え方、アプローチの流れとポイント、個別と集団の実践事例。 2200円

学校に作業療法を
「届けたい教育」でつなぐ学校・家庭・地域
仲間知穂・こども相談支援センターゆいまわる／編著

作業療法士・先生・保護者がチームで「子どもに届けたい教育」を話し合い、協働することで、子どもたちが元気になり、教室、学校が変わる。 2420円

こどもと家族が人生を描く発達の地図
山口清明・北島静香・特定非営利活動法人はびりす／著

理想的な家族像にとらわれた家族の悩みはつきない。多くの発達相談を受けてきた作業療法士がつくりあげた『発達の地図』。3つの道具と9つの質問で自分と対話し、1枚の「地図」を描くだけで、こどもと家族の未来は希望に輝く！ 2970円

凸凹子どもがメキメキ伸びるついでプログラム
井川典克／監修　鹿野昭幸、野口翔／編著

「ついで」と運動プログラムを融合した、どんなズボラさんでも成功する、家で保育園で簡単にできる習慣化メソッド！　児童精神科医×作業療法士×理学療法士がタッグを組んだ生活習慣プログラム32例 1980円

みんなでつなぐ読み書き支援プログラム
フローチャートで分析、子どもに応じたオーダーメイドの支援
井川典克／監修　高畑脩平、奥津光佳、萩原広道／編著

くり返し学習、点つなぎ、なぞり書きでいいの？　一人ひとりの支援とは？　読み書きの難しさをアセスメントし、子どもの強みを活かすオーダーメイドのプログラム。教育現場での学習支援を想定、理論を体系化、支援・指導につながる工夫が満載。 2420円

いちばんはじまりの本　赤ちゃんをむかえる前から読む発達のレシピ
井川典克／監修　大村祥恵、町村純子、特定非営利活動法人はびりす／編著

助産師・保健師・作業療法士・理学療法士・言語聴覚士・保育士・医師・市長・市議会議員・家族の立場、みんなで描く"こどもがまんなかの子育て"。胎児期から学童期までのよくある相談を見開きQ&Aで紹介！ 2200円

障害があるからおもろかった　車いすに乗った谷口明広ものがたり
鈴木隆子／著

夢に向かって前向きに生きる姿勢と辛口のユーモア、目からウロコの話で勇気を与え、障害を味方につけて夢を実現した谷口さんのメッセージとおもろいエピソードが満載。

2420円

専門職としての介護職とは　人材不足問題と専門性の検討から
石川由美／著

2000年の介護保険制度の導入以降、「介護の社会化」として、介護は社会全体で担うものとされているにもかかわらず、なぜ人が集まらないのか。混沌とした歴史的な経過を整理しながら、業務の曖昧さと乱立した資格制度の現状を分析し、「介護職」の今後を展望する。

2420円

現代のラディカル・ソーシャルワーク　岐路に立つソーシャルワーク
マイケル・ラバレット／編　深谷弘和・石倉康次・岡部茜・中野加奈子・阿部敦／監訳

豊かな生活の展望と人間社会の確立を展望するには、ラディカルな政治思想と活動に根ざしたソーシャルワークが求められている。ソーシャルワーカーとは、その専門性とは何かを繰り返し問いかけ、多様な視点から徹底的に批判的検討。

2640円

当事者主動サービスで学ぶピアサポート
飯野雄治・ピアスタッフネットワーク／訳・編

アメリカ合衆国の厚生労働省・精神障害部局（SAMHA）が作成したプログラムを日本の制度や現状に沿うよう加筆・編集。6つの領域で学ぶピアサポートプログラムのバイブル。障害福祉サービスはもちろん、当時社会や家族会をはじめとした、支え会活動すべての運営に活用できる。

3300円

自閉症と知的しょうがいのある人たちへの
マスターベーションの理解と支援　親と専門職のためのガイド
メル・ガッド／著　木全和巳／訳

自分や他者を害することなく、自身の性と生を知ることができるように、類書の少ない"しょうがいのある人たちのマスターベーション"に焦点をあてた理解と支援を紹介。保護者、専門職、支援に関わるみなさんの参考に。

1980円

ごちゃまぜで社会は変えられる　地域づくりとビジネスの話
一般社団法人えんがお代表　濱野将行／著

作業療法士が全世代が活躍するごちゃまぜのまちをビジネスにしていく物語。
地域サロン、コワーキングスペース、シェアハウス、地域食堂、グループホーム。
徒歩2分圏内に6軒の空き家を活用して挑んだ、全世代が活躍する街をビジネスで作る話。

1980円

私が私として、私らしく生きる、暮らす
知的・精神障がい者シェアハウス「アイリブとちぎ」河合明子・日髙愛／編著

栃木県のごくごく普通の住宅街にある空き家を活用したシェアハウス。
お金を使わず知恵を使う、誰もが使いやすい環境整備、対話のある暮らしやポジティブフィードバック……。障害をかかえた彼女・彼らが主人公で、あたり前に地域で暮らすためのヒントが満載。

2200円